단돈 100만 원으로 달러, 금, 오일,
나스닥선물을 시작할 수 있는

해외선물
처음공부

해외선물 처음공부

김직선 지음

단돈 100만 원으로 달러, 금, 오일, 나스닥선물을 시작할 수 있는

이레미디어

꾸준히 수익 내는
선물 트레이더가 되는 법

선물투자로도 터틀 트레이더처럼 수익을 낼 수 있다

107개. 제가 유튜브에서 모집하여 교육반은 분들이 매일 업로드하는 수익 인증 내역의 평균 개수입니다. 지금도 매일 30여 분이 저의 '해외선물 무작정 따라 하기' 무료 강의를 신청해서 듣고 있고, 수강한 분들은 수익 인증과 감사 인사를 전하고 있습니다.

어떤 분은 저에게 묻습니다. 많은 시행착오를 거쳐 어렵게 얻은 해외선물 매매 비법을 왜 무료로 나눠주느냐고요. 결론부터 이야기하자면, 이것은 저 자신을 위해서입니다.

저는 수강생의 직업, 나이, 성별 등 개인정보를 전혀 알지 못합니다. 무료 라고 해서 개인정보를 요구하거나 장문의 피드백을 요청하지도 않습니다. 그저 제가 아는 것은 그분이 언제 교육을 듣기 시작했고 완료했는지, 또 얼마의 자금으로 시작했는지와 같은 단편적인 정보뿐입니다. 저에게 중요한 것은 그분들의 신상이 아니라 무작위의 사람들이 제가 알려드린 내용을 학습한 결과 시장에서 수익을 내는지 여부이기 때문입니다. 그것을 검증하는 것이 저에게는 매우 중요합니다. 선물거래 교육을 무료로 하는 목적은 바로 거기에 있습니다.

저는 결코 위대한 트레이더가 아닙니다. 사회 초년기에는 주식을 사는 족족 손실만 보던 이른바 '똥손' 투자자였습니다. 저 역시 수많은 실패를 경험한 뒤에야 길을 찾았고, 그 방법을 터득한 뒤에야 수익을 낼 수 있었습니다.

엄청난 성공을 거둔 트레이더가 아님에도 불구하고 제가 이 책을 쓰는 이유는 감사하게도 평소에 즐겨 읽던 책들의 출판사인 이레미디어에서 먼저 출간 제안을 해준 것도 있지만, '터틀 트레이딩' 창시자인 리처드 데니스처럼 일반인들을 교육하여 시장에서 수익을 내는 트레이더로 만들고 싶은 욕심이 늘 있었기 때문입니다. 대한민국에서 터틀 트레이더처럼 수익을 낼 수 있다는 사실을 입증하고 싶었습니다.

저는 어렸을 적 영화 〈기생충〉에 나오는 반지하 집에서 살았습니다. 비 오는 날이면 바닥부터 물이 차곤 해서 가족 모두가 바지를 걷고 세숫대야로 물을 퍼내야 했습니다. 그때의 막막함을 기억하기에 이 책의 인세는 어려운 상황에서 성장하는 국내 결식 아동들에게 전부 기부하기로 했습니다.

이 책 한 권이면 실전 선물 트레이딩에 관련해서는 다른 책을 볼 필요가 없을 정도로 꼼꼼하게 정리했습니다. 그동안 국내외를 포함해서 레버리지, 행동 훈련, 진입과 청산 모두를 다룬 책이 없었습니다. 특히 레버리지에 관해서는 그 어떤 책과 영상에서도 찾을 수 없어서 답답했지요. 그래서 제가 시장에서 경험하며 터득한 레버리지 노하우를 가득 담았습니다. 실전에 바로 뛰어들어도 될 정도의 정보를 가득 담은 책이라고 자부합니다.

진입 금액에 대한 기준이 없으면 매매 방법이 형성되지 않습니다. 특히 레버리지가 포함된 금융상품은 더더욱 그렇습니다. 시장에서 철저하게 깨지고 부서지며 얻은 지식과 노하우를 담았습니다. 이는 제게 보내주신 수많은 분들의 수익 인증 내역이 이 방법과 원칙을 지키며 거래한다면 그 어렵다는 파생시장인 선물상품에서 누구라도 돈을 벌 수 있다는 사실을 입증하고 있습니다.

현재 대한민국에는 노후를 보장할 수 있는 수단이 거의 없습니다. 국가에서 지급을 보장한다는 국민연금도, 불패의 시장이었던 부동산도 지금은 괜찮을지 몰라도 몇십 년 후에는 어떻게 될지 알 수 없습니다. 우리나라 원화의 가치는 계속 떨어지고 있습니다. 이러한 경제적 난국에 처한 개개인이 달러를 벌 수 있는 선물거래 방법을 익히는 것은 노후 대비는 물론 당장의 생존을 위해서라도 필수적이라고 생각합니다.

이 책은 하루 1시간의 매매를 통해 경제적 자유를 얻고, 평생 먹고 살 만한 인생을 만들어 줄 것입니다. 물론 당장 모든 것이 이루어지지는 않을 것입니다. 이 책에 기술한 순서, 기간, 방법을 규칙으로 삼아 철저히 지키면 모두가 가능합니다. 이것은 수많은 분들의 수익 인증으로 입증되고 있습니다.

1년 250거래일, 매일 3번 열리는 선물시장의 매력

사회 초년생 시절 저 역시 막연한 희망만으로 주식투자를 시작했습니다. 제대로 된 공부와 준비 없이 시작했기에 사는 주식마다 손실을 보는 흔하디 흔한 케이스였지요. 기업 전망이 좋아 보여서 덜컥 샀다가 물리면 손절하지도 못해 강제로 장기투자가 되기 일쑤였고, 작전 주식 소스를 얻겠다며 사람들 만나러 다니기 바빴습니다. 몇천만 원의 손실이 억대로 불어났을 때에야 이대로는 안 된다는 것을 깨닫고 '차트 공부'라는 걸 시작했습니다.

이때 우리나라에 출간된 책은 물론이고 미국, 유럽, 일본에서 나온 트레이딩, 투자서적들을 섭렵해나갔습니다. 책을 통해 배우는 중에도 상황이 딱히 나아지지는 않아서 벌고 잃고를 반복했습니다. 가장 결정적인 지식은 시장에서 배웠습니다. 제가 접했던 어떤 책이나 강의도 실시간으로 변화하는 차트를 생생하게 설명해 주지는 못했기 때문입니다.

실제로 투자를 시작하고 3년이 지날 때까지 연 결산 기준 플러스가 된 적이 없었습니다. 시장에서 돈을 버는 방법을 찾아다니다 3년이 지났을 무렵, 문득 주식 단기매매가 제 성향과 맞지 않는 게 아닌가 하는 생각이 들었고 이때 처음으로 해외선물 계좌를 개설했습니다.

저는 손이 느려서 단타를 잘 못했습니다. 단지 손만 느린 게 아니라 투자 원칙이 정립되어 있지 않아서 판단이 느렸습니다. 그러던 제가 1년 250거래일, 매일 3번 열리는 선물시장에서 꼬박 1년 넘게 거래하다 보니 어느새 수익을 내는 트레이더가 되었습니다.

어느 날 국내 증권사에서 선물거래를 하던 중 급하게 돈이 필요해 돈을 뺐더니 선물거래를 할 증거금이 부족했습니다. 국내 증권사에서 선물거래를 하기 위해서는 최소 증거금이 2,000달러가량 필요한데 급전을 사용한 후에 남은 돈은 100만 원 남짓이었습니다. 이 금액으로는 나스닥 마이크로 거래*를 할 수 없었고, 거래할 수 있는 것은 크루드오일 마이크로뿐이었습니다. 그러다 차액결제거래(CFD)가 가능한 외국계 증권사를 이용하면

차공용어 뽀개기

나스닥 마이크로 거래

나스닥 마이크로 선물은 나스닥 100 지수를 기초로 한 선물 계약으로, 기존 E-mini 나스닥 선물의 1/10 크기로 설계되어 있습니다. 이러한 소규모 계약은 개인 투자자들이 적은 자본으로도 선물시장에 참여할 수 있도록 돕습니다.

단돈 400원으로도 나스닥 선물을 거래할 수 있다는 것을 알게 되었습니다. 1계약을 소수점 단위까지 나누어서 거래할 수 있는 환경이 저에게는 아주 제격이었죠.

CFD를 통해 적은 돈으로 거래할 수 있게 된 이후 저는 많은 거래 경험을 쌓으면서 여러 가지 방법과 규칙을 세워나갔습니다. 계약당 필요한 돈이 대략 1,000:1 수준으로 적어지면서 1개 호가가 아닌 여러 개 호가에 동시에 주문을 넣을 수 있게 되었습니다. 또한 주문을 넣은 종목당 평균 가격 변동폭을 계산해서 추가 매수 시나리오를 세울 수 있었습니다. 이렇게 접근했더니 증거금의 손절 범위를 예수금의 10%보다 훨씬 큰 가격 범위 안에서 세팅할 수 있었고, 그 때문에 큰 변동성 장세에서도 이익을 내는 거래로 마감하는 경우가 많아졌습니다.

이때 세운 방법과 규칙들 덕분에 저는 손실보다 수익을 내는 날이 더 많은 트레이더가 될 수 있었습니다.

달러를 벌기 위한 해외선물 처음공부 6단계

제가 시장에서 검증했고 지속적으로 발전시키고 있는 매매 전략은 다음 6단계로 나눌 수 있습니다.

1단계는 레버리지를 포함한 비중입니다. 평균적으로 나스닥 같은 지수 선물은 하루에 200포인트, 골드와 같은 원자재 선물은 20포인트 움직입니다. 즉 현재 가격 대비 1~2%의 움직임을 보여줍니다. 다만 변동성이 큰 장세에서는 1,000포인트 이상 움직이기도 하니, 최대로 물릴 수 있는 폭을 데이트 레이딩 계산에 반드시 넣고 매매해야 합니다. 저는 이것을 '1퍼센트 룰'이라고 부릅니다.

2단계는 기술적 분석을 통한 매매 외에는 우리가 가격 정보에 접근할 수 있는 방법이 없다는 사실을 믿어야 합니다. 투자심리는 가격으로 나타나게 되어 있습니다. 가격은 차트 그 자체입니다. 선물 트레이딩에서 기술적 분석 외에 투자자가 다룰 수 있는 정보는 극히 제한적이기에 철저히 '기술적 분석'을 기반으로 거래해야 합니다. 저는 수많은 기술적 분석 도구들 중에서도 반드시 가져가야 할 핵심요소만으로 트레이딩합니다. 그 도구들이 무엇인지는 이 책을 완독한다면 알고 배울 수 있습니다.

3단계는 손절입니다. 몇 가지 도구로 트레이딩한다고 말씀드렸는데, 만약 방향이 원하는 대로 가지 않는다면 어떻게 해야 할까요? 바로 손절을 해야 합니다. 손절은 돈을 잃는 것이 확정되고, 내 판단이 틀렸음을 인정하는 행위입니다. 그렇기에 인간은 손절하고 싶어 하지 않습니다. 그러나 손절하지 않는다면 계좌는 0원이 될 것입니다. 분명 그렇게 되고 싶은 투자자는 없을 것입니다. 그렇기에 손절을 해야 합니다.

4단계, 항상 수익을 내는 매매 기법은 존재하지 않는다고 믿는 것입니다. 저는 이 책에서 다양한 도구들에 대해 설명할 것입니다. 트레이딩을 하다 보면 다양한 지표나 도구를 사용하고 의존하게 됩니다. 다만 제 10년의 경험상 모든 지표가 매수를 가리켜도 시장은 반대로 움직이는 경우가 많았습니다.

이때는 대응이란 측면에서 경험이 크게 작용합니다. '절대적인 매매 방법은 없다'는 사실을 인정하고, 받아들여야 합니다. 그래서 절대 진입 기법, 흔히 이야기하는 자리를 찾아다니기보다는 얼마나 잃을 수 있는 자리인지, 내 포지션이 현재 우위가 있는지를 고려하고 진입하는 것입니다.

5단계, 추세 매매가 역매매보다 이익이 압도적으로 크다는 것을 인정하는 것입니다. 혹자는 역추세 매매로 돈을 번 위대한 트레이더가 많다지만, 저는 이렇게 말하고 싶습니다. 재능 있는 천재 트레이더는 무슨 방법을 써도 법니다. 그러나 저를 포함한 우리는 천재 트레이더가 아닙니다. 지극히 평범한 일반인입니다. 과신하지 말고 언제나 절대적으로 안전한 거래를 해야 합니다.

6단계, 매수 비중이 매도 비중보다 7배는 많이야 합니다. 우리가 트레이딩하는 시장, 즉 나스닥, 금 등 선물기초자산은 장기적으로 우상향한다고 대부분의 시장참여자가 믿고 있습니다. "어? 그럼 시장이 하락할 거라고 보는 투자자는 없나요?"라고 묻는 분도 계실 텐데, 물론 있습니다. 하지만 그들은 상승장이나 일시적인 가격변동 구간에서만 큰 이익을 노릴 뿐, 결국 시장이 기대 이상으로 크게 올라버리면 이익을 올리기 어렵습니다. 쉽게 말해, 시장의 근본적인 흐름은 결국 '위'로 향한다는 점이 핵심입니다. 높은 확률로 올라갈 시장에 매수로 수익을 내는 것이 훨씬 유리하다는 것이죠.

우리는 상승하는 시장에 올라탄 '서퍼'가 되어야 합니다. 파도가 언제 어떻게 칠지 예측할 수 없지만, 대부분의 시간을 큰 파도가 치는 쪽, 우상향하는 쪽에 몸을 실어야 한다는 이야기입니다.

1) 작게 자주 잃고, 크게 오래 벌어라.

2) 손절을 두려워하지 말고, 내 손으로 이익을 막지 마라.

자주 잃되, 이길 땐 오래 이겨야 합니다.

저는 제 유튜브 채널에서 다양한 챌린지를 했습니다. '100만 원으로 1천만 원 만들기' 챌린지도 했고, '1천만 원으로 1억 만들기' 과정도 보여드렸습니다. 1주일 만에 1억 원을 2배로 불리는 영상을 올리기도 했습니다. 제 실력이나 계좌를 자랑하기 위함이 아니었습니다. 대한민국 사람들이 해외선물이라는 이 넓은 시장에서 수익을, 달러를 벌기를 바라는 마음에서였습니다. 국내 주식시장의 경쟁자는 주식계좌 보유자인 1500만 명의 개인과 국내시장의 30% 비중을 차지하고 있는 외국인, 그리고 투신 등의 기관투자자입니다. 반면 해외선물시장에서 한국인의 비중은 1% 미만에 불과하기에, 주식시장보다 훨씬 넓고 기회가 많은 분야라고 생각합니다.

사람들이 낯선 무언가를 가장 효과적으로 빠르게 배우는 방법은 대개 생존과 직결되었을 때입니다. 예를 들어, 영어 한마디 못하는 사람이 미국에서 살게 되었을 때 현지에서 살아남고자 영어만 듣고 쓰고 말하면 영어 실력이 늘어나듯이 말입니다.

마찬가지로, 선물거래에서 실력이 빠르게 늘고 싶다면 실제 내 돈으로 거래해 봐야 합니다. 그런데 선물시장에 처음 입문하는 사람은 반드시 돈을 잃습니다. 주식시장에서 흔히 겪는 '초보자의 운'도 없습니다. 선물시장은 개인이 돈을 잃게 만드는 데 주식시장보다 더 탁월한 전략들이 존재하기 때문입니다.

그럼에도 불구하고 선물거래를 통해 경제적 자유를 추구해야 하는 이유는 속도가 빠르기 때문입니다. 잃는 속도도 빠르지만 버는 속도도 주식과는 비교할 수 없을 만큼 빠릅니다. 그러니 아주 단순하게, 버는 방향에만 올라타면 됩니다.

이 책을 숙지한다면 여러분은 선물거래에서 반드시 벌 수 있고, 잃을 때도 잘 잃을 수 있습니다. 벌고 잃고를 반복하는 것만으로도 여러분의 계좌는 우상향이 될 것입니다. 그때를 위하여 이 책이 존재한다는 것을 알리고 싶습니다. 자신의 방법에 의심이 들 때마다 이 책을 처음부터 다시 읽으면 문제는 해결됩니다.

선물거래를 하다 보면 머리가 뜨거워지고 얼굴이 벌개지며 뒤통수가 후끈해지고 심장이 미친듯이 두근거리는 현상을 종종 경험할 수 있습니다. 그때마다 이 책이 여러분에게 선물시장의 기본 룰을 상기시켜 평정심을 찾게 해주고, 흐려진 눈을 다잡아 다시 게임에 참기할 수 있도록 도와주기를 바랍니다.

이전과는 달리 지금은 기술적 분석이 천시받지 않습니다. 하지만 안타깝게도 기술적 분석에 대한 개념을 다룬 책도 많지 않고, 실전 기술을 담은 서적은 더 없습니다. 선물시장은 백과사전식으로 나열된 기술적 분석 개념과 사례들로 해결되는 게임이 아닌데 말입니다.

안타깝게도 우리나라에는 MACD, RSI, 이동평균선 등 전 세계 투자자들이 가장 많이 사용하는 보조지표 창시자들의 번역서조차 출간되지 않았습니다. 전 세계 투자자들이 많이 보는 보조지표는 반드시 참고해야 합니다. 보조지표를 통해 시장심리를 이해할 수 있기 때문입니다.

이 책은 평범한 개인 투자자들이 선물시장에서 수익을 쌓아나가는 데 반드시 도움이 될 것입니다.

PART 2 선물거래를 위한 기초체력 단련하기

PART 3 진입, 청산, 운영
규칙 세우기

Chapter 6 실전 투자 전 꼭 세워야 하는 규칙들

PART 4   김직선의 투자 규칙

1 PART

왜 해외선물일까?

주식으로 3억 원 손실,
선물로 100억 원 수익

1 해외선물로 수익 보는 사람들

OVERSEAS FUTURES INVESTING

1) 해외선물로 얼마나 많은 사람들이 벌고 있을까?

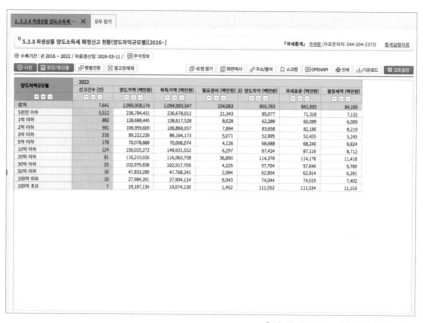

출처: 통계청 양도소득세 확정신고 현황

국세청 자료에 따르면 2022년 기준, 연간 7,000여 명의 사람이 해외선물로 돈을 벌고 있습니다.

해외선물로 돈을 버는 사람의 수는 매년 20% 이상 증가하고 있습니다. 정말 큰 수치로 증가하고 있는 것입니다.

한국의 해외선물투자 인구가 어느 정도 되는지에 대한 통계는 없지만, 저는 10만 명 이하로 추정하고 있습니다. 분명한 건 주식, 코인에 비해 투자자가 현저히 적다는 것인데, 1억 원 이상의 높은 수익을 올리는 사람의 비율은 주식, 코인과 비교해서 압도적으로 높습니다. 장내파생상품 양도소득세를 내지 않는, 장외파생상품인 CFD를 통한 해외선물투자자까지 포함하면 비율은 더 높아질 겁니다.

장내파생상품과 장외파생상품

파생상품은 기초자산의 가치 변동에 따라 그 가치가 결정되는 금융상품으로, 거래 방식에 따라 장내파생상품과 장외파생상품으로 구분됩니다.

장내파생상품 (Exchange-Traded Derivatives)

- **거래 장소**: 공식적인 거래소에서 거래됩니다.
- **계약 표준화**: 계약 조건이 표준화되어 있어 거래가 용이합니다.
- **청산소 존재**: 거래소가 중개자 역할을 하며, 청산소가 결제 이행을 보증하여 신용 위험이 낮습니다.
- **유동성**: 시장 참여자가 많아 유동성이 많습니다.
- **예시**: 선물(Futures), 옵션(Options) 등이 있습니다.

장외파생상품 (Over-The-Counter Derivatives)

- **거래 방식**: 거래소를 통하지 않고, 유동성 공급자인 은행, 증권사 간, 거래 당사자 간에 직접 협의하여 거래합니다.
- **계약 맞춤화**: 계약 조건을 당사자 간에 자유롭게 설정할 수 있어 낮은 증거금 요건 등 맞춤형 거래가 가능합니다.
- **신용 위험**: 청산소가 1개가 아닌 ECN, 인터뱅크 등과 같은 여러 중개기관이 있어 호가 및 체결가 등의 차이가 존재합니다.
- **유동성**: 거래 구조에 따라 유동성이 적을 수 있습니다.
- **예시**: 선도계약(Forwards), 스왑(Swaps), 장외옵션 등이 있습니다.

CFD 거래

해외 CFD(차액결제거래) 증권사를 통한 거래는 국내 증권사를 이용하는 것과는 몇 가지 차이점이 있습니다.

1. 레버리지와 증거금

해외 CFD 브로커들은 국내보다 높은 레버리지를 제공하는 경우가 많아 적은 자본으로도 큰 거래를 할 수 있습니다. 반대로 말하면, 레버리지 사용에 신중해야 합니다. 단, 손실은 내가 투입한 자본만큼만 발생합니다. 예를 들어 1만 원을 증거금으로 사용해 나스닥 선물을 매수했다고 가정해보겠습니다. 이때 최악의 경우를 산정해도 최대 손실은 투자한 1만 원을 초과하지 않습니다. 반면 나스닥 지수가 상승하면 이익에는 제한이 없습니다. 즉 손실은 투자한 금액(1만 원)까지만 발생하지만, 시장이 상승하는 한 수익은 무한대로 확대될 수 있습니다.

2. 거래 상품의 다양성

해외 브로커들은 주식, 지수, 원자재, 외환 등 다양한 상품에 대한 CFD 거래를 지원합니다. 이를 통해 투자 포트폴리오를 다각화할 수 있습니다.

3. 규제와 신뢰성

해외 브로커들은 각국 금융 당국의 규제를 받습니다. 예를 들어, 영국의 CFD 증권사는 영국 금융감독청(FCA)의 규제를 받습니다. 브로커 선택 시 해당 국가의 규제 기관과 브로커의 신뢰성을 확인하는 것이 중요합니다.

4. 거래 비용

해외 브로커들은 스프레드, 수수료, 야간 보유 비용 등 다양한 비용 구조를 가지고 있습니다. 각 브로커의 수수료 구조를 비교하여 자신에게 유리한 조건을 선택하는 것이 좋습니다.

5. 언어 지원과 고객 서비스

해외 브로커들은 영어로 서비스를 제공하는 경우가 많습니다. 한국어 지원 여부와 고객 서비스의 품질을 확인하여 원활한 거래를 지원받을 수 있는 브로커를 선택하는 것이 중요합니다.

주의사항:

해외 CFD 거래는 높은 레버리지와 변동성으로 인해 내가 투입한 자본만큼의 손실 위험이 있습니다. 따라서 충분한 학습과 모의 거래를 통해 경험을 쌓은 후 실제 거래에 참여하는 것이 좋습니다.

2) 성공 구독자 사례

저는 2023년 1월부터 선물투자를 알리기 위해 유튜브를 했습니다. 1년이 조금 넘는 동안 4만여 명에 이르는 구독자들에게 무료로 트레이딩 교육을 제공했고, 수익을 얻었다는 피드백을 많이 받았습니다. 1년 남짓한 기간 동안 하루 수익 2억 원 이상을 인증한 구독자도 있었고, 77거래일 동안 매일 100만 원 이상 수익을 인증하는 구독자도 있었으며 1억 원 이상의 수익을 인증한 50대 여성 구독자도 있습니다. 매달 진행한 투자대회에서 선물거래를 시작한 지 3개월도 안 된 30세 여성 투자자가 1억 원 수익을 인증하기도 했습니다. 어떤 구독자는 제 유튜브를 보고 나서 한 달 만에 1,000% 이상 수익을 올렸다고 감사 인사를 전했습니다.

제 유튜브를 통해 선물투자를 처음 배운 분들의 수익 인증이 매일 100개 넘게 올라오고 있습니다.

여기서 제가 분명히 하고 싶은 것은, 수익 인증을 한 사람들은 모두 아주 평범하다는 것입니다. 제가 알려드리는 방법대로만 한다면 선물거래로 돈을 벌 수 있다는 것을 많은 구독자들이 지금도 매일 입증하고 있습니다.

40대가 투자 성공률이 높은 이유

특별히 40대라는 연령대에 국한시켜서 이야기한 이유가 있습니다. 그동안 저는 선물 거래 방법을 많은 사람들에게 가르쳤습니다. 지식과 경험, 하지 말아야 할 것과 반드시 해야 할 것 등을 교육했는데요. 이 과정에서 유의미한 데이터를 얻을 수 있었습니다. 바로 40대가 가장 안정적으로 수익을 챙긴다는 사실이었습니다.

그동안 제가 교육한 사람의 수는 2,000명가량이며(2024년 1월 기준), 이 중에서 자신의 매매일지를 공유한 사람의 수는 534명입니다. 참여한 인원을 균등하게 연령별로 나누고 통계를 내보았더니 40대가 압도적으로 높은 수익 비율을 보였고 수익금 평균도 높았습니다.

이것은 순전히 저만의 데이터이지만 꽤 우수한 표본이라고 생각합니다. 저 역시 특정 연령대의 성과가 좋은 이유가 궁금해서 분석해 보았습니다.

- 지켜야 할 자산, 사업/직업, 가정이 있기 때문에 무리한 베팅을 하지 않고, 자신의 베팅의 크기(랏수)의 적정한 숫자를 도출하고 그것을 지켰다.
- 직업이 있기에 빈번하게 거래할 수 없었다.
- 기술적 분석을 활용해서 매매해 본 경험이 있었다.

제가 도출한 3가지 요인입니다. 이러한 이유로 저는 40대가 가장 해외선물투자로 성공할 확률이 높다고 생각합니다.

2 선물투자가 주식, 코인보다 돈을 벌기 쉽다고 말하는 이유

OVERSEAS FUTURES INVESTING

1) 선물시장은 정직하다

국내 주식시장인 코스피의 하루 거래대금은 13조 원 정도입니다(2024년 5월 기준). 해외선물시장의 유동성은 어떨까요? 한국 주식시장보다 훨씬 규모가 큽니다. 시카고 상업거래소(CME)에서 거래되는 E-mini 나스닥만 해도 하루 거래대금이 한화로 약 260조 원에 이릅니다. 미니, 마이크로, CFD, 미결제*까지 포함한 거래대금은 숫자로 표현하지 못할 만큼 어마어마합니다. 외환선물시장을 제외하더라도 어림잡아 5,000조 원 이상은 될 것입니다.

**미결제 약정
(Open Interest)**
특정 시점에 청산되지 않고 남아 있는 선물 계약의 총수를 의미합니다. 미결제 약정이 많을수록 해당 선물 상품의 유동성이 높음을 나타내며, 시장 참여자들의 관심도를 반영합니다.

나스닥 100 지수를 기초로 한 선물 상품은 투자자들의 다양한 요구에 맞춰 다양한 종류로 제공됩니다. 각 상품은 계약 규모와 틱 가치에서 차이가 있으며, 이를 통해 투자자들은 자신의 자본 규모와 투자 전략에 맞는 상품을 선택할 수 있습니다. 골드, 오일 등의 자산 역시 일반, 미니, 마이크로로 나눌 수 있으며, CFD에서는 소수점 단위까지 진입하고자 하는 계약의 크기를 만들 수 있습니다.

마이크로 선물 거래란?

기존 선물 계약의 1/10 크기로 설계된 소규모 계약을 통해 이루어지는 선물 거래로, 개인 투자자들이 적은 자본으로도 선물시장에 참여할 수 있는 CME의 상품입니다.
주요 특징은 다음과 같습니다.

- **계약 크기**: 마이크로 선물은 표준 선물 계약의 1/10 크기이므로 투자자들이 더 작은 단위로도 거래할 수 있습니다.
- **증거금**: 계약 크기가 작아짐에 따라 필요한 증거금도 감소하므로 적은 자본을 가진 투자자들도 거래를 시작할 수 있습니다.
- **틱/핍 가치**: 마이크로 선물의 틱 가치는 표준 선물의 1/10로, 가격 변동에 따른 손익 규모가 축소됩니다.

마이크로 선물 거래의 장점은 다양한데요. 가장 큰 장점으로는 리스크 관리와 접근성을 꼽을 수 있습니다. 작은 계약 단위로 인해 투자자들은 포트폴리오의 리스크를 세밀하게 조정할 수 있지요. 또한 적은 자본으로도 선물시장에 참여할 수 있어 초보 투자자들에게 진입 장벽이 낮다는 것이 장점입니다.
장점만 있을 수는 없겠죠. 주의해야 할 점도 분명히 있습니다. 특히 선물 거래 시 레버리지 효과는 양날의 검과 같습니다. 마이크로 선물 역시 레버리지를 활용하므로 작은 가격 변동에도 손익이 크게 발생할 수 있습니다. 또한 계약 수가 많아지면 거래 수수료가 누적될 수 있으므로 비용 구조를 사전에 확인하는 것이 중요합니다.
정리하면 마이크로 선물 거래는 선물시장에 진입하려는 개인 투자자들에게 접근성을 높여주는 유용한 상품이지만, 거래 전에 충분한 학습과 모의 투자를 통해 시장 구조와 리스크를 이해할 필요가 있습니다.

모두 시카고상품거래소(CME)에서 거래되며, 투자자들은 자신의 자본 규모와 리스크 허용 범위에 따라 적절한 상품을 선택할 수 있습니다.

이렇듯 해외선물시장은 유동성이 풍부하고 거래 규모가 크기 때문에 국내 주식시장에서는 몇억 원, 몇십억 원만 있어도 가능한 시세조작이나 작전이 불가능합니다. 이 말인즉슨 기술적 분석이 투명하게 잘 작동한다는 의미입니다. 체계적으로 차트를 공부하고 배우면 수익을 볼 수 있는 시장이라는 것이죠.

선물시장은 아주 정직한 시장입니다. 분식회계나 주가 조작으로 몇몇 당사자만 부당 이득을 취한 뒤 상장폐지가 되는 일이 일어나지 않습니다. 코인처럼 누구나 만들 수 있는 시장도 아닙니다. 회사 혹은 내부자의 범죄로 인해 거래정지를 당할 일도 없습니다. 또한 주식과 코인처럼 시장 자체의 리스크 때문에 큰 손실을 볼 일도 없습니다.

2) 주식시장과 다른 수익 책정 방식

1,000만 원을 가진 투자자가 있다고 가정하겠습니다. 이 사람이 A주식 혹은 코인을 사서 -50%의 손실을 보았습니다.

이 사람이 다시 1,000만 원을 만들려면 몇 퍼센트의 수익을 내야 할까요?

50%일 것 같지만 실제로는 손실 본 50%의 2배인 100% 수익을 내야 합니다. 그래야 겨우 본전이 되죠.

너무도 당연한 이야기 아니냐고요? 선물시장은 다릅니다.

선물시장에서의 수익금은 퍼센트(%)가 아닌 포인트(Point) 기반으로 책정

됩니다. 내가 50포인트를 손실 봐서 500달러를 잃었다면, 같은 계약/랏수만큼 진입하여 동일하게 50포인트만 수익을 내면 100% 수익을 낸 것과 같습니다.

주식과 코인 등 퍼센트 기반의 시장에서는 90%의 손실을 본다면 90%가 아닌 그 10배인 1,000%의 수익을 내야 본전이 됩니다. 그러나 1,000%의 수익을 내기란 굉장히 어렵죠. 반면 선물시장에서는 내가 90포인트를 통해서 90% 손실을 봤다면, 90포인트만 수익을 내면 됩니다.

이것이 선물투자가 주식, 코인보다 돈을 벌기 쉬운 이유 중 하나입니다.

주식

손실률	복구 수익률
−10%	+11.1%
−20%	+25%
−30%	+42.8%
−40%	+66.6%
−50%	+100%
−60%	+150%
−70%	+233%
...	...

주식은 −50% 손실 시 +100% 수익을 내야 합니다.

선물

손실률	복구 수익률
−10%	+10%
−20%	+20%
−30%	+30%
−40%	+40%
−50%	+50%
−60%	+60%
−70%	+70%
...	...

선물 및 외환(FX) 거래에서 계약 또는 랏(Lot)은 거래되는 상품의 표준 단위를 의미합니다. 거래 규모를 정의하며 각 상품마다 그 크기가 다를 수 있습니다.

선물 거래에서의 계약

- **정의:** 선물 계약은 특정 상품을 미래의 일정 시점에 미리 정해진 가격으로 매매하기로 약정한 표준화된 계약입니다.
- **계약 단위:** 각 선물 상품마다 표준화된 계약 단위가 있으며, 이는 해당 상품의 거래소 규정에 따라 결정됩니다.

외환 거래에서의 랏

- **정의:** 외환 거래에서 랏은 거래되는 통화 쌍의 표준 단위를 의미합니다.
- **종류**
  - 표준 랏(Standard Lot): 100,000 단위의 기준 통화
  - 미니 랏(Mini Lot): 10,000 단위의 기준 통화
  - 마이크로 랏(Micro Lot): 1,000 단위의 기준 통화

이러한 계약 단위와 랏은 거래 규모를 명확하게 정의하여 투자자들이 거래를 계획하고 리스크를 관리하는 데 도움을 줍니다.

선물 거래에서 계약 크기는 특정 선물 계약이 나타내는 기초 자산의 양을 의미합니다. 이 크기는 각 선물 상품의 특성과 거래소의 규정에 따라 다르며, 투자자들이 거래 규모를 이해하고 리스크를 관리하는 데 중요한 요소입니다.

계약 크기의 예시

- **E-mini 나스닥 100 선물**
  - 계약 크기: 나스닥 100 지수의 20배

- 틱 가치: 0.25 지수 포인트당 $5
- 상품 코드: NQ
- **마이크로 E-mini 나스닥 100 선물**
  - 계약 크기: 나스닥 100 지수의 2배
  - 틱 가치: 0.25 지수 포인트당 $0.50
  - 상품 코드: MNQ

위와 같이 마이크로 E-mini 나스닥 10개 포지션을 잡으면 E-mini 나스닥 1개를 잡은 것과 같은 효과입니다.

선물 증거금 제도란?

선물 증거금이란 투자자가 선물 계약을 체결하기 위해 증권사에 예치해야 하는 최소한의 자금입니다. 증거금의 종류로는 위탁증거금(개시증거금)과 유지증거금이 있는데 위탁증거금은 선물 1계약, 1랏을 거래하기 위해 필요한 최소 증거금이고, 유지증거금은 내 포지션을 유지하기 위해 계좌에 보유해야 하는 최소 금액을 말합니다. 증거금의 최소 비율도 있는데요. 일반적으로 선물 계약 금액의 3~12% 수준입니다. 이 비율은 주식 거래 시 증거금(최대 50%)에 비해 상대적으로 낮은 수준이지요.

급격한 가격 변동으로 인해 계좌의 평가자산이 유지증거금 아래로 떨어지면 해당 포지션을 유지하기 위해서 위탁증거금 수준까지 추가 입금을 요구받을 수 있습니다. 이를 '마진콜'이라고도 합니다. 국내 증권사와 CME는 전화나 문자메시지로 추가증거금을 요구하는 반면, 해외CFD는 추가증거금을 요구하는 경우가 거의 없습니다.

장중에 평가자산이 위탁증거금의 20% 수준까지 하락하면, 한국 증권사는 '강제 청산'을 실행하시만, 해외CFD 증권사는 내 사금의 1% 이하까지 허용하는 경우가 많습니다. 국내증권사 및 CME는 80% 이상을 요구합니다.

선물투자는 낮은 증거금 비율 덕분에 높은 레버리지 효과를 얻을 수 있습니다. 예를 들어, 나스닥 선물의 증거금 수준은 계약가치의 5~7% 수준, 골드(금) 선물은 계약가치의 3~5% 수준, 오일(WTI) 선물은 계약가치의 5~10% 수준이면 거래를 시작할 수 있습니다. 유로/달러 선물의 경우 계약가치의 3% 수준으로도 거래가 가능합니다.

다만, 시장 상황에 따라 증거금 요건이 변경될 수 있습니다. 가격이 많이 오르면 증거금이 분기마다 높아지고, 가격이 전 분기에 비해 내리면 증거금 요건 또한 낮아지는 경우가 많습니다.

증거금 비율이나 요건은 거래 종목에 따라 다르며 각 증권사의 정책에 따라서도 차이가 있을 수 있습니다. 증거금 제도는 투자자에게 높은 레버리지 효과를 제공하는 장점이 있지만 동시에 큰 손실을 줄 위험도 존재합니다. 따라서 투자자는 자신의 위험 감내 능력을 고려하여 매우 신중하게 거래해야 합니다.

3 프로 손실러였던 내가 해외선물을 시작한 이유

OVERSEAS FUTURES INVESTING

1) 고물가 시대에 살아남고자 선택한 방법 2가지

요즘 짜장면을 5천 원에 파는 중국집이 있을까요? 아직 어딘가에 있을 수는 있지만 서울, 수도권에서는 못 본 것 같습니다. 생활 물가가 급속도로 올랐고, 우리나라뿐 아니라 전 세계 서민들이 인플레이션으로 고통받고 있습니다. 고물가 시대에 살아남기 위해서는 무엇을 해야 할까요? 소득을 늘려야 합니다. 그기기 위해서 제가 선택한 방법은 2가지입니다.

① 투자를 한다.
② 부업/창업을 한다.

수많은 투자처 중에서 성공 확률이 높고 현명한 선택은 무엇일까요?

① 주식 vs 코인 vs 부동산 vs 부업 vs 해외선물

투자라고 하면 보통 우리나라 사람들은 주식을 생각합니다. 대한민국 주식시장은 시가총액 1조 원 미만의 주식 종목에서는 대부분 우리끼리 경쟁하는 게임입니다. 상대가 같은 한국인이라서 내 심리가 더 잘 읽히는 부분이 있죠. 내가 현재 어떤 주식에 꽂혀서 매수 주문을 넣는지 상대방도 너무나 잘 알 수밖에 없는 시장입니다. 그러다 보니 주식시장 참여자의 97%가 수익을 내기보다는 손실을 보고 있습니다.

코인투자는 어떨까요? 무엇보다 스캠코인 (scamcoin)*이 너무 많습니다. 최근 몇몇 코인 사기 사건만 떠올려 봐도 충분합니다. 완성도 높은 기술력을 갖춘 코인 프로젝트라 하더라도 작은 금액으로 진입 가능하고 가격 변동이 심하다는 점을 악용한 사기에 휘말리곤 합니다. 평범한 개인인 우리는 이것을 제대로 파악하기 어렵습니다. 암호화폐 업계 종사자들도 루나 사태에 당했는데 우리 같은 일반인이 제2, 제3의 루나를 식별할 수 있을까요?

스캠코인

스캠코인은 투자자들을 속여 자금을 탈취하는 사기성 암호화폐를 의미합니다. 이러한 코인은 실제 가치나 기술적 기반이 없으며, 과도한 수익률을 약속하면서 투자자들을 유혹합니다.
처음부터 실현 불가능한 프로젝트를 계획하여 투자자들을 현혹한 후, 투자금을 모집하고 잠적하거나 개발자들이 가격을 인위적으로 조작하여 가치를 높인 후, 고가에 투자하도록 유도하고 갑자기 매도하여 가격을 폭락시키는 방식(펌프 앤 덤프)을 주로 사용합니다.

부동산은 투자금이 많이 듭니다. 예전에는 1천만 원으로도 할 수 있는 부동산투자 방법들이 있었다지만 요즘은 1억 원을 가져도 할 수 있는 게 거의 없습니다. 대출 규제로 인해 좋은 입지의 비싼 부동산은 투자금이 많지 않은 사람이 취득하기 어려워졌습니다. 지방의 빌라나 다세대 투자를 통해서 점차 자산을 늘려나가야 하는데, 최근 잇따른 전세 사기로 인해 빌라, 다세대 투자나 경매도 꽁꽁 얼어붙었습니다. 부동산투자는 한번 실패하면 돌이킬 수 없는 실패로 이어지는 게 문제입니다. 또한 부동산을 구매하면 취득세, 재산세와 같은 세금과 매입한 부동산의 상태를 유지하기 위한 유지보수 비용이 듭니다. 세입자 관리도 만만치 않습니다.

소득을 늘리거나 투자금을 모으기 위해 부업을 생각할 수도 있습니다. 스마트스토어, 쿠팡, 온라인 쇼핑몰을 예로 들 수 있습니다. 개인적인 소견으로 온라인 쇼핑몰을 하는 것은 부업이 아니라 창업입니다. 어느 정도 궤도에 오를 때까지 많은 시간과 노력을 필요로 합니다. 이직을 하여 연봉을 높이거나 더 높은 소득을 얻을 수 있는 직업으로 바꾸는 노력이 나을 수도 있습니다.

결국 고물가 시대를 이겨낼 만큼의 수익을 얻고 싶다면 새로운 투자, 새로운 재테크 방법에 대해 알아보고 도전해야 합니다.

② 해외선물투자

그렇다면 해외선물은 어떨까요? 장단점을 확실히 알아보겠습니다.

해외선물투자의 장점은 많습니다. 무엇보다 1만 원이 채 되지 않는 돈으로도 시작할 수 있고, 레버리지를 쓸 수도 있습니다. 코인선물도 같은 원리이기 때문에 많은 사람들의 주목을 받았던 것인데요. 그러나 암호화폐 선물 거래소 대부분이 중국에서 만들어졌고 실제로도 중국 자본이 많이 들어가 있습니다. 시장의 연혁이 짧아 기술적 분석, 즉 차트로만 매매하기에는 제약이 많습니다. 급작스러운 급등락으로 인해 코인선물은 시장참여자들에게 큰 손실을 줍니다.

반면 해외선물은 미국 테크기업이 상장되어 있는 나스닥 지수를 기초자산으로 하는 나스닥선물, 우리가 매일 쓰는 휘발유, 경유의 기초자산인 크루드오일, 세계 각국의 통화 가치와 깊은 연관이 있는 금 선물상품인 골드 등

신용거래와 미수거래

신용거래와 미수거래는 투자 시 자금을 빌려서 거래하는 방법으로, 각각의 특징과 차이점이 있습니다.

1. 신용거래

- 증권사로부터 자금을 빌려 주식을 매수하거나 보유하는 거래 방식입니다.
- 특징
  - 기간: 일반적으로 30일에서 90일까지의 기간 동안 자금을 빌릴 수 있으며, 연장 시 최대 270일까지 가능합니다.
  - 이자: 대출 기간에 따라 연 5%에서 10%의 이자가 부과됩니다.
  - 담보: 현금과 보유 주식을 담보로 제공해야 하며, 담보비율이 140% 이하로 떨어지면 반대매매가 발생할 수 있습니다.

2. 미수거래

- 증권사로부터 자금을 빌려 주식을 매수하는 초단기 외상 거래 방식입니다.
- 특징
  - 기간: 매매일(T일) 기준으로 T+2일까지 결제해야 하며, 결제일까지 자금을 납입하지 않으면 반대매매가 이루어집니다.
  - 이자: 이자가 부과되지 않지만, 결제일까지 자금을 납입하지 않으면 반대매매가 발생합니다.
  - 증거금: 증거금률이 20%에서 40%로 설정되어 있으며, 예를 들어 증거금률이 20%인 종목의 경우 1,000만 원의 주식을 매수하려면 200만 원의 현금이 필요합니다.

주요 차이점

- 기간: 신용거래는 장기적인 자금 조달이 가능하지만, 미수거래는 초단기 자금 조

달에 적합합니다.
- 이자: 신용거래는 이자가 부과되지만 미수거래는 이자가 없습니다.
- 반대매매: 신용거래는 담보비율이 140% 이하로 떨어지면 반대매매가 발생하며, 미수거래는 결제일까지 자금을 납입하지 않으면 반대매매가 이루어집니다.

이러한 특성을 이해하고 투자 전략에 맞게 신용거래와 미수거래를 활용하는 것이 중요합니다.

을 기본으로 합니다. 이 자산들은 허상에 투자하는 게 아닙니다. 실제 소비재입니다. 개별 종목에 투자하는 대신 전 세계에서 돈을 가장 잘 버는 기업들이 모인 나스닥 지수에 투자하는 것이며 기초자산이 튼튼한 소비재 및 종목을 트레이딩하는 것입니다.

또한 거래량의 단위 자체가 다릅니다. 해외선물시장은 한국 주식시장의 1,000배가 넘는 유동성이 오가는 시장이며, 외환선물시장까지 합치면 1일 단위 거래량은 10,000배 이상입니다. 즉, 특정 세력이 의도적으로 왜곡하기 어려운 시장입니다. 이러한 정직한 시장에서 기술적 분석과 그 외 투자 도구를 활용한다면 적은 돈으로도 투자 수익을 낼 수 있습니다. 어떤가요, 해외선물투자를 배우지 않을 이유가 없지 않습니까?

2) 사는 것마다 잃던 '똥손 주식투자자'

저는 주식시장에서 6년간 모은 전 재산인 3억 원을 전부 날렸습니다. 증권사 IB에서 잔뼈가 굵은 직장 선배로부터 들은 주식 정보를 믿고 투자한 결과였지요. 한 번의 거래로 6,800만 원을 잃기도 했습니다. 중간에 수익인 적도 있었지만 아직 이익을 실현할 시기가 아니라는 선배의 말을 믿고 기다렸습니다. 아마 주변에서 종종 들은 스토리일 겁니다.

이후에 돈을 어떻게든 모아서 투자를 했지만 계속 잃기만 했습니다. 그렇다고 묻지 마 투자를 한 것도 아닙니다. 첫 실패 이후로는 절치부심해서 정말 열심히 공부했습니다. 차트 공부, 산업과 기업 분석, 재료 공부, 재무제표는 물론이고, 호가창 분석에 수급 분석, 프로그램 분석, 이슈 해석에 대해서도 빠지지 않고 익혔습니다.

투자에 있어서는 두 부류의 사람이 있는 것 같습니다. 부동산이든 주식이든 그 분야에서 돈을 잃으면 다시는 쳐다도 보지 않는 사람, 어떻게든 다시 돈을 마련해서 그 분야에서 승부를 보려는 사람. 저는 후자, 즉 승부를 보려는 쪽이었습니다. 그러나 도전할 때마다 번번이 깡통을 찼습니다. 그게 반복되다 보니 문득 이런 생각이 들었습니다. 공부를 해보자. 아주 철저하게 해보자. 그때부터 온갖 주식 강의, 투자서적들에 돈을 쓰기 시작했습니다. 국내 주식강의에만 5천만 원은 쓴 것 같습니다. 해외 주식, 선물 트레이딩 강의, 비법서들까지 사들인 비용을 포함하면 훨씬 더 될 수도 있고요. 과거의 저는 여느 투자자들처럼 투자에는 비법이 있다고 믿었고, 그 비법을 찾아다녔습니다.

그러나 여전히 시장에서 벌고 잃고를 반복했습니다. 그나마 위안이라면 그때의 경험을 통해 이 책에서 소개하는 방법들을 차곡차곡 익히고 적립할 수 있었습니다. 결국 저는 몇 년에 걸친 실패와 경험을 통해 정답은 언제나 시장에 있고, 선물시장에서 트레이딩하는 것이야말로 성공 확률을 높이는 작업이며, 만약 내 포지션이 틀리거나 성급하게 진입했을 때는 잘 잃어야 한다는 결론을 얻었습니다.

3) 해외선물투자를 위한 3가지 공부법

그렇다면 해외선물투자법을 어떻게 익혀야 할까요? 해외선물투자를 위해 필요한 3가지 공부법을 소개하겠습니다.

첫 번째, 이 책을 정독하십시오. 아무리 찾아도 선물투자의 교과서 같은 책이 없어서 제가 직접 쓰기로 결심하고 이 책에서 A부터 Z까지 다 알려드리고자 노력했습니다. 제가 시장에서 경험하고 일일이 검색하여 알아낸 내용과 증권사, CME, 인터뱅크, 로이터 등에 이메일을 보내 문의하여 알게 된 내용과 몇 년간 매일 시장에서 깨지면서 알게 된 지식과 노하우를 모두 담았습니다. 그러니 이 책을 반드시 3번은 정독하십시오. 그러면 선물투자 방법에 대해 눈이 트일 것입니다.

두 번째, 배운 기술을 시장에서 직접 검증하세요. 배운 내용을 토대로 거래를 하루 3번, 1년 동안 꾸준히 하세요. 모든 시장을 처음부터 끝까지 매일 들여다볼 필요는 없습니다. 각 시장마다 1시간 투자하는 것을 권장하지만 익숙해지면 30분만으로도 충분합니다. 변동성이 큰 장 초반, 변동성이 잦아든 장 중반, 변칙이 많은 장 막판에 각각 10분씩 시장들을 모니터링하고 참여하면 됩니다. 당장 수익을 내거나 큰 성공을 거두겠다는 욕심을 버리고 그저 꾸준히 1년 동안, 거래일 250일 동안 하루 3번 장을 들여다보며 거래하다 보면 반드시 바뀝니다.

세 번째, 같은 관심사를 가진 사람들이 모인 커뮤니티에 가입하세요. 제가 만든 커뮤니티인 한국트레이더협회(이하 '한트협')에는 무료로 공부할 수 있는 강의, 자료들이 많이 있습니다. 정보 외에도 먼저 이 길을 가고 있는 수만 명의 사람들이 시장에서 배우고 깨달은 것들을 서로 알려주고 있습니다. 커뮤니티에서 서로의 경험과 지식을 나누세요.

시장에서 수익이 지속적으로 날 때는 겸손과 초심을 잊지 않기 위해서, 시장에서 계속 깨질 때는 수많은 성공사례를 보며 용기를 얻기 위해 한트협을 활용하기를 바랍니다. 수익과 손실이 반복되다 보면 초조해지기 마련입니다. 이럴 때는 선배들이 자신의 지식을 시장에 어떻게 접목했는지에 대한 노하우를 보면서 마음을 다잡고 시행착오를 줄여나가기를 바랍니다.

인터뱅크와 유동성 공급자

인터뱅크, ECN, 유동성 공급자는 금융 시장에서 거래와 정보 흐름에 핵심적인 역할을 합니다.

1. 인터뱅크(Interbank)

은행 간의 금융 거래를 의미합니다. 특히 외환 시장에서 주요 은행들이 서로 통화를 거래하는 시장을 지칭합니다. 이 시장은 환율 결정, 유동성 제공, 대규모 거래 처리 등에서 핵심적인 역할을 합니다.

2. 로이터(Reuter)

금융 정보 제공 업체로 실시간 금융 뉴스, 데이터, 분석 등을 제공합니다. 로이터는 금융 시장 참가자들에게 중요한 정보를 신속하게 전달하여 시장의 효율성과 투명성을 높이는 데 기여합니다.

3. ECN(Electronic Communication Network)

전자 통신 네트워크로, 중개자 없이 거래자들이 직접 매수자로서 매도자와 연결되어 거래를 수행할 수 있도록 하는 시스템입니다. ECN은 시장의 투명성을 높이고 거래 비용을 절감하며 거래 속도를 향상시키는 데 도움을 줍니다.

4. 유동성 공급자(Liquidity Provider)

금융 시장에서 매수와 매도 호가를 지속적으로 제시하여 시장에 유동성을 제공하는 기관이나 개인을 의미합니다. 주요 유동성 공급자로는 대형 은행, 헤지 펀드, 마켓 메이커 등이 있으며, 이들은 시장의 안정성과 효율성을 유지하는 데 중요한 역할을 합니다.

이들은 금융 시장의 원활한 운영과 효율성에 핵심적인 역할을 하며, 투자자들에게 안정적이고 투명한 거래 환경을 제공합니다.

4 트레이딩은 근육이다

OVERSEAS FUTURES INVESTING

1) 대부분이 선물투자에 실패하는 이유

"나에게 긴 막대기(leverage)를 줘 보게. 내가 서 있을 공간 하나만 있다면 지구
를 움직일 수 있을 테니."
                                                        - 아르키메데스

위의 인용구는 레버리지의 힘을 나타낸 유명한 말입니다.

많은 사람들이 선물거래를 시도했다가 실패하는 이유를 저는 3가지로 분석합니다. 첫 번째는 레버리지에 대한 이해가 없기 때문이고, 두 번째는 기술적 분석 능력의 부재, 세 번째는 손절 및 행동훈련의 부재 때문이라고 분석합니다.

이 3가지 요소는 가능성과 위험 그 자체입니다. 레버리지를 잘 쓴다면 빠르게 자산을 불릴 것이고, 기술적 분석을 잘할 수 있다면 올바른 '방향'을 읽을 수 있게 됩니다. 선물은 매수와 매도 모두 진입할 수 있기 때문에 올바른 방향을 읽을 줄 아는 능력이 매우 중요합니다.

손절과 행동훈련은 손실을 제한하고 이익을 극대화시키는 비대칭적 레버리지에 있어서 핵심요소입니다. 내가 레버리지를 쓸 수 있는데 손실이 제한되어 있다면 이익은 커질 수밖에 없습니다. 또한, 행동훈련은 큰 데미지를 미연에 방지할 수 있는 필수적인 요소입니다. 행동훈련은 적시에 매수, 매도 포지션에 진입할 수 있게 해주며 적시에 손절을 할 수 있도록 합니다.

그렇기에 이 3가지를 지속적으로 훈련한 사람은 반드시 선물시장에서 큰 수익을 얻을 수 있습니다.

2) 성공적인 투자자가 되기 위한 몇 가지 자질

앞서 말씀드렸듯이 성공적인 선물투자자가 되기 위해서는 레버리지에 대한 이해가 있고, 기술적 분석에 능하며, 행동훈련이 되어 있어야 합니다. 여기에 몇 가지 더 구체적인 사항을 추가해보겠습니다.

성공적인 투자자는 하루 목표 익절 금액을 정해둡니다. 성공적인 투자자는 항상 정해진 금액을 잃습니다. 성공적인 투자자는 항상 정해진 금액을 베팅합니다. 선물에서 성공적인 투자자라는 건 사전에 계획된 금액을 동일하게 투자하고 동일하게 잃으며 이익은 극대화시킬 줄 아는 사람입니다.

위 요소를 반복하다 보면 자신의 트레이딩 승률과 계좌 증가율의 통계를 파악할 수 있게 됩니다.

1) 나는 얼마의 금액을 베팅하는 사람이며
2) 나의 최대 손실금액은 얼마이며(정해진 금액)

3) 이익 중인 포지션을 로스컷을 활용해 위험을 감소시킨 상태로 길게 끌고 갈 수 있는가

이것을 알아야 성공적인 선물투자자가 될 수 있습니다. 이 3개의 짧은 문장을 실현하기 위한 구체적인 방법론을 챕터 2부터 배우게 될 것입니다. 이 과정을 통해 우리에게 맞는 숫자들을 세팅할 수 있게 됩니다. 특히 3번은 평균 손익을 급격하게 늘릴 수 있는 중요한 방법입니다.

3) 선물시장에서 데이트레이더가 정답인 이유

마켓메이커*들은 우리가 잡은 포지션을 지켜보고 있습니다. 그래서 우리가 매수를 하면 반대로 추세를 역전시키는 알고리즘이 존재합니다. 공식으로 발표한 자료는 없지만, 나스닥과 CME(시카고상품거래소)의 등장 배경 자체가 이 이유입니다.

암호화폐 선물거래소는 거래소 자체가 마켓메이커입니다. 주문을 낸 거래의 상대방이 거래소 자체입니다. 그래서 저는 규모가 작은 암호화폐 거래소에서는 돈을 벌기 어렵다고 생각합니다. 거래소마다 가격과 변동폭도 다르고요.

> 처공용어 뽀개기
>
> **마켓메이커**
>
> 마켓메이커(Market Maker)는 금융 시장에서 지속적으로 매수, 매도 주문을 내어 가격 형성을 주도하고 유동성을 제공하는 시장 조성자를 말합니다. 주로 대형 기관 투자자들이며 국내에서는 한국거래소 회원사인 증권사들, 해외에서는 골드만삭스, 모건스탠리, CME 등 글로벌 투자은행이나 헤지펀드들입니다.

데이트레이딩과 스윙트레이딩 분리해서 생각하기

데이트레이딩은 그날 사서 그날 파는 행위를 말합니다. 해외선물에서의 데이트레이딩이란 그 장에 사서 그 장에 파는 겁니다. 장이 하루 3번 열리기 때문이죠.

스윙트레이딩은 그 장에 사서 다음 장 혹은 다다음 장 또는 다음 날 이상으로 끌고 가는 것을 의미합니다. 각 장의 변동성을 고려하지 않고 하루 기준의 호흡으로 판단하는 것이죠.

이것을 구분해야만 수익 내는 트레이더로 성장할 수 있습니다.

Chapter

2

트레이딩에서 손실 내는
사람들의 착각

1 이익을 길게 먹을 수 있다는 착시

선물시장에서 데이트레이더로서 '길게 먹는다'는 것의 금액적 기준은 각자 다르겠지만, 제 기준은 평균 일봉 캔들 1개입니다. 일봉 캔들 1개를 먹는다는 것은 '일봉 캔들의 고가에서 저가까지의 폭, 변동성'을 이야기합니다. 즉 주요 변동성을 홀딩하여 이익을 내고자 하며, 이를 평균치 매매라고 하는데요. 하루 평균치의 절반을 온전히 이익으로 가져간다는 가정 아래 만든 저의 데이터입니다.

당연히 코로나나 국지적 전쟁과 같은 특수한 상황이 발생하면 이 구간을 벗어납니다. 저는 볼린저밴드, 이동평균선, 이격도 등 모든 지표를 단지 평균치를 확인하기 위한 도구로만 사용합니다.

그렇다면 이 평균치를 벗어나는 날은 1년에 며칠이나 될까요?

1년 FOMC 발표일 횟수 + 비농업지표 발표 + 소비자물가지수 + 1년간 유가에 영향을 줄 수 있는 전쟁이 일어나는 횟수 + 불확실성이 팽배해진 시장의 유지일수를 더하면 나옵니다. 물론 예상치 못한 변수로 인해 몇 가지 더 해질 수도 있습니다.

저는 평균치를 벗어나는 날에는 거래를 피하려고 노력합니다. 그러나 사람이기에 수익을 놓치고 싶지 않아서 이런 날에도 욕심을 부리곤 합니다. 이렇게 변동성이 극심해지는 상황에서 추세 초입에 진입하겠다는 것은 투자자로서의 자만심일 수 있습니다. 시장이 충분한 추세를 보여준 뒤에 매수, 매도 진입을 해도 늦지 않습니다. 아니면 최대로 잃을 수 있는 금액을 미리 세팅하고 도박하는 느낌으로 들어가야 합니다.

일봉 차트를 분석한 후 포지션에 진입하여 길게 가져갈 수도 있을 것입니다. 다만 이때는 되돌림을 염두에 두어야 심리적인 압박감을 느끼지 않고 홀딩할 수 있습니다.

본절 혹은 수익금 보존 주문 없이 포지션을 들고 가면서 수익을 내겠다는 건 정말로 자만이고 착각입니다. 내 로스컷(손절 지점)만 터치하고 오르는 것을 여러 번 경험을 했더라도 말입니다. 로스컷만 터치하고 올랐다면 수치를 조정해야 합니다. 즉 로스컷 주문은 반드시 세팅해야 합니다.

2 트레이딩과 투자의 차이

트레이딩과 투자를 혼동하는 사람들이 있습니다. 트레이딩은 시세차익을 노리고 진입해 빠르게 현금흐름을 발생시키는 행위입니다. 즉 트레이딩은 속도가 생명입니다. 길게 끌고 가는 것은 데이트레이더 입장에서 거래 피로도를 높이는 행위입니다. 가격 예측을 더 길게 할수록 리스크에 노출되는 시간이 더 많기 때문입니다. 이런 것은 트레이딩이라기보다는 투자라고 봐야 합니다.

투자는 긴 시간 리스크에 나를 노출하면서 큰 수익을 노리는 행위입니다. 내 시드 대비 적은 돈을 버는 행위를 투자라고 이야기하는 사람은 없습니다. 투자를 하는 사람들은 자신이 넣은 돈의 몇 배 혹은 몇십 배처럼 큰 수익을 노리지, 작은 수익을 계속 챙겨가지 않습니다.

선물에서 투자하려는 사람을 많이 봅니다. 선물시장 역시 전략의 정답은 없지만 긴 호흡으로 인해 끝내 이익으로 마무리하지 못하는 거래의 수가 많아지거나 이익을 충분히 냈다 한들 거래 기회 자체가 줄어든다는 측면에서 저는 트레이딩이 투자보다 좋다고 생각합니다. 제가 보기에 선물거래는 1시간 이내에 익절하는 것이 가장 이상적이고, 거래가 손절 지점에 다다르지 않더라도 각 장 안에서 끝나는 것을 그다음으로 좋게 봅니다.

나스닥선물 차트 1시간봉 기준 캔들차트. 각 장(미국장, 유럽장, 아시아장) 표기

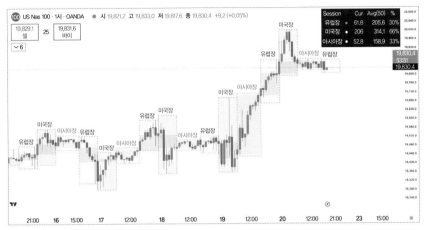

(2024.09.20 18시 나스닥 차트 / 호가 제공 : OANDA)

1개의 장이 넘어가면 다른 매매 주체들이 등장합니다. 예를 들면 아시아에서 유로장까지 포지션을 끌고 간다면 아시아장의 트레이더들이 유로장 트레이더들과 같은 의사결정을 할 것이라는 확률에 베팅한 셈입니다. 제가 경험한 바로는, 이렇게 연속된 각 장의 추세를 맞힐 확률이 높지 않습니다. 그래서 저는 각 장마다 단기매매를 합니다.

3 확률 높은 근거의 자리

빠른 익절이 나오는 자리는 진입 근거가 여러 가지 겹칠 때입니다. 그에 따라 기관을 포함한 많은 트레이더가 동참합니다.

뒤에서 트레이더들이 많이 참고하는 트레이딩 도구들을 상세히 소개할 것입니다. 여기서는 개념만 잡고 넘어가겠습니다.

저는 트레이딩 도구-보조지표를 1)볼린저밴드
★, 2)캔들, 3)이동평균선, 4)지지 저항, 5)추세선, 6)이격도, 7)현재 장, 일봉캔들, 주봉캔들의 고가, 저가, 시가에 더 근접한 현재 가격의 위치, 이렇게 7가지 도구를 사용합니다. 제가 중요하게 사용하는 순서대로 번호를 매겼습니다.

볼린저밴드

볼린저밴드(Bollinger Bands)는 1980년대 존 볼린저가 개발한 기술적 분석 도구입니다. 볼린저밴드에 가격이 닿았을 때만 사용합니다. 볼린저 밴드는 주가가 이동평균선 중심으로 표준편차 범위 안에서 움직인다는 전제로 개발되었으므로, 볼린저 밴드의 상단에 가까워질수록 가격이 하락할 가능성이 높다고 봅니다. 저는 트레이딩에서 볼린저밴드 상하단에 닿지 않은 채 안에서 거래를 하는 것은 변동성이 적기 때문에 비효율적이라고 봅니다.

1) 확률 높은 2가지 근거의 자리

저는 1+2를 조합해 진입 시 의사결정에 사용합니다. 비중이 높은 2자리의 근거는 볼린저밴드와 캔들이 명확하게 존재하는지 여부입니다.

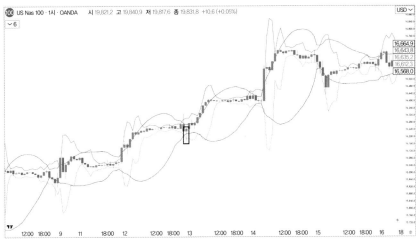

(2023-12-12, 23시 나스닥 차트 / 호가 제공 : OANDA)

검은색 네모 박스는 1) 제가 뒤에서 알려드릴 볼린저밴드 세팅 2가지에 모두 캔들이 닿았고, 2) 1시간봉 캔들이 망치형-도지형 캔들로 마감한 자리입니다. 저는 이 조합을 변곡의 자리로 파악해서 다음봉 시가에 진입합니다.

2) 확률 높은 3가지 근거의 자리

확률 높은 3가지 근거의 자리는 1+2+3의 조합으로 볼 수 있습니다.

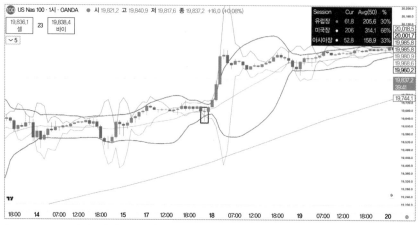

(2024-06-17, 22시 나스닥 차트 / 호가 제공 : OANDA)

위 차트의 네모 박스를 보면 1) 볼린저밴드 2가지에 캔들이 닿았고, 2) 완전하지는 않지만 도지형 캔들 모양에 볼린저밴드 부근에서 꼬리를 약간 만들었고, 3) 20 이동평균선이 우상향하고 있습니다. 1+2+3 조합의 확률 높은 자리입니다.

3) 확률 높은 4가지 근거의 자리

볼랜저밴드, 캔들, 이동평균선, 지지 저항의 조합입니다.

다음 그림은 1+2+3+4의 조합인 차트 이미지입니다. 네모 박스를 보면 1) 볼린저밴드 1개에 닿았으면서, 2) 도지캔들로 마감했고, 3) 캔들이 많이 모여 있는 매물대이자 4) W캔들 패턴의 가운데 지점에서 지지를 받고 있습니다.

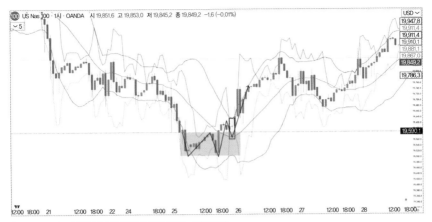

(2024-06-25, 22시 나스닥 차트 / 호가 제공 : OANDA)

4) 확률 높은 5가지 근거의 자리

1+2+3+4+5의 조합. 볼린저밴드, 캔들, 이동평균선, 지지 저항, 추세선의
조합입니다.

(나스닥선물차트 - 호가 제공자 : OANDA, 네모 박스 24.06.17 22시)

네모 박스를 보면 1) 볼린저밴드 2개 안에서 지지받는 2) 도지형 캔들로 마감했습니다. 3) 이동평균선은 우상향하고 있으며, 4) 가로 지지선 아래의 매물대에서 지지받은 채 종가 마감을 한 모습입니다. 5) 최근 저점을 이은 추세선 위에 위치해 있습니다.

5) 확률 높은 6가지 근거의 자리

1+2+3+4+5+6이 조합된 자리입니다.

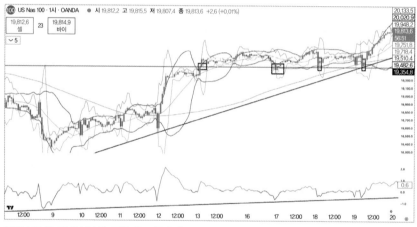

(2024.09.19 09시, 나스닥 1시간 차트, 호가 제공 : OANDA)

네모 박스를 보면 1) 볼린저밴드 2개 안에서 2) 하락이 멈추는 캔들로 마감했습니다. 3) 이동평균선은 우상향하고 있고 4) 저가에서 지지를 받고 있습니다. 5) 추세선 역시 우상향하고 있으면서 네모 박스의 가격과 근접하고, 6) 이격도는 저가를 갱신하고 있는 히든 강세 다이버전스가 출현했습니다.

6) 확률 높은 7가지 근거의 자리

(2024.06.15 01시 / 나스닥 / 호가 제공 : OANDA)

1+2+3+4+5+6+7의 조합입니다. 위 차트의 동그라미 친 부분은 6월 14일의 시가인 오전 7시 1시간봉 캔들입니다. 1~6의 조합이 매수 우위를 나타내고 있기 때문에 이날의 시가까지 회귀해서 도지캔들로 마감하거나, 시가를 깨고 오를 것이라고 타깃 목표를 세울 때 7번 도구를 활용합니다.

다시금 말씀드리지만 예시로 든 조합들은 뒤에서 상세히 다룰 예정입니다. 따라서 책을 한 차례 완독한 후 이 장에서 설명한 근거를 살핀다면 거래하는 데 큰 도움이 될 것입니다.

참고로 차트 예시는 2024년 6월 기준으로 업데이트했습니다. 이유는 너무 오래된 과거 사례는 현재로서는 아무 의미를 가지지 못한다고 여기기 때문입니다. 현재도 잘 작동하고 있는지 직접 차트에서 찾아보면서 검증해나가기 바랍니다.

4 사자마자 수익전환이 될 것이라는 착각

OVERSEAS FUTURES INVESTING

1) 3종 껄무새 병

껄무새 병에 걸린 사람이 참 많습니다. 어떤 주식이 크게 상승하면 이들이 등장합니다. '엔비디아 그때 살걸', '가지고 있을걸', '테슬라 손절할걸'과 같이 말입니다. 투자지식이 없어서 껄무새 병에 걸리는 게 아닙니다. 자신이 가진 돈보다 많은 욕심을 부리는 탓에 '그때 살걸' 병에 걸리는 것입니다. 큰돈을 벌고자 마냥 기다리기 때문에 계속 기다릴 수밖에 없는 겁니다.

'손절할걸' 병에 걸리는 사람은 시장이 보여주는 추세보다 자신의 관점을 믿는 경향이 있으며, '가지고 있을걸' 병에 걸리는 사람은 이익을 감당하는 행동훈련과 손절 주문이 병행되지 않았기 때문에 수익이 조금만 나도 하락 두려움에 빨리 팔아 버리게 됩니다.

2) 껄무새 치료 방법

치료방법은 간단합니다. 트레이딩 지식을 전달할 게 아니라 행동훈련으로 치료할 수 있습니다. 1,000원으로 포지션을 잡고 절댓값이 오면 손절하는 훈련을 통해 '그때 살걸' 병을 고칠 수 있습니다. 이걸 큰 돈으로 할 수는 없습니다. 1,000원 이하의 적은 돈으로 꾸준히 연습하세요.

트레이딩 팁 – 행동훈련 01

(2024-09-19, 오전10시 35분 시 나스닥 1분 차트 / 호가 제공 : OANDA)
동그라미에서 진입하고 가로선을 이탈하면 무조건 손절하는 행동훈련

행동훈련 01의 동그라미 지점에서 진입하는 훈련을 하면 됩니다. 손절은 더블바텀 중 더 낮은 구간의 저가입니다. 이탈할 경우 무조건 손절합니다.

이 손절 훈련으로 '손절할걸' 병도 치료할 수 있습니다. 또 이런 행동훈련을 통해서 규칙을 더 추가하거나 빼거나 하면서 내 손절매 규칙을 더 고도화하거나 단순하게 만들어나갈 수 있습니다.

이익은 수익금 포인트의 50%를 보존하면서 스탑을 올리는 훈련을 하면 됩니다. 이 이익금을 홀딩하는 방법으로 '가지고 있을 걸' 병을 치료할 수 있습니다.

결과적으로 이 훈련을 반복하면 할수록 이러한 유형의 말을 하지 않게 됩니다.

3) 모든 상황에 들어맞는 매매기법은 없다

트레이딩을 시작하는 사람들이 가장 많이 하는 착각은 모든 시장에 적용되는 '비법'이 존재한다고 믿는 것입니다. 승률이 높은 전략은 있지만 모든 상황에 딱 들어맞는 그런 매매기법은 없습니다. 더 구체적인 구분점으로 설명드리겠습니다.

① 거래하기 좋은 시간대

시카고 거래소에서 제공하는 선물상품인 E-mini 나스닥을 예로 들어보겠습니다. 하루 평균 거래량은 80만이고 2024년 1월 기준 상품 1개당 18,000달러이므로 16조 원입니다. 그렇습니다. E-mini 하나의 상품만 하루 평균 16조 원이 거래됩니다.

선물시장은 국내 주식시장과 비교할 수 없을 만큼의 풍부한 거래량 덕분에 기술적 분석이 가장 잘 맞는 시장이라고 할 수 있습니다. 나스닥에서 파생된 장외파생상품 거래인 CFD 등 주변 자금까지 포함하면 16조 원이 아니라 몇 배의 거래대금이 오간다고 추정할 수 있습니다.

거래량은 23시 30분에 열리는 미국장, 17시에 열리는 유로장, 08시에 열리는 아시아장순으로 많습니다. 다만 그중 절반은 미국장이 열리는 한국시간 기준 23시 30분부터 시작됩니다(서머타임 시 1시간씩 앞당겨집니다). 이때 큰 거래가 많이 일어나므로, 기술적 분석에 입각해서 차트가 움직일 확률도 높습니다.

② 피해야 하는 날

기술적 분석에 입각해서 미장에서 거래하면 누구나 돈을 벌 수 있을까요? 결론부터 이야기하면 맞습니다. 그러나 어떤 날은 기술적 분석이 먹히지 않습니다. 그날들은 기술적 분석이 아닌 돈으로 추세를 바꿔버리거나 과열권으로 선물가격을 밀어버리곤 합니다.

그 예는 다음과 같습니다. 전 세계 투자자들이 돈을 베팅하는 날(기준금리를 결정하는 FOMC 회의가 있는 날), 미국이 실업수당 건수를 발표하는 날, 비농업 부문 취업동향 지표를 공개하는 날, 원유 재고를 발표하는 날, 미국 소비자물가지수 발표 날, 옵션 만기를 앞두고 있는 날.

다른 기타 경제지표에도 선물가격이 영향을 받아 변동성이 커지지만, 특히 이 5개의 큰 이벤트와 만기를 앞두고 있는 날에 시장이 일정한 규칙을 가지고 움직이지 않습니다.

즉, 이날들만큼은 피해서 거래해야 합니다. 거래를 계속하다 보면 이런 특이점이 오는 날들을 알면서도 피하지 못하곤 하는데, 보통 이럴 때 크게 잃거나 운이 좋다면 크게 법니다. 잃었다면 자신이 예측한 것보다 큰 변동성에 잃은 것이고, 벌었다면 기술적 분석과 상관없이 지표 결과 자체를 예측해서 번 것입니다.

한때 위대한 트레이더들의 인터뷰를 탐독했습니다. 위대한 트레이더들은 하나같이 자신이 운이 좋았다고 표현했는데, 저는 '이 운이 좋았다'는 표현을 '자신의 전략이 연속적으로 들어맞아 계획보다 빠르게 자산을 늘렸다'라고 해석했습니다. 선물거래에서 연속된 우연은 없습니다. 연속적으로 벌고 있다면 본인의 전략이 현재 시장과 잘 들어맞는다는 뜻입니다. 반대로 연속적으로 잃고 있다면 내 전략이 현재 시장에 맞지 않으니 전략을 바꾸는 것을 검토해야 합니다.

이익과 손실을 확정하는 것에 있어서 영원히 통하는 가장 효과적인 방법은 없지만 내 전략이 잘 들어맞는 시기는 분명히 존재합니다. 이때 빠르게 자산을 증식시킬 수 있습니다.

4) 언제 스탑할 것인가?

저는 승률을 손익비보다 신경쓰는 트레이더입니다. 저는 트레이딩을 잘하는 트레이더가 아니기 때문에 손익비에서 중요한 이익 구간에 도달하기까지 견디는 걸 힘들어 하며, 한편으로는 많은 자금을 투입하기 때문에 그때그때 이익을 챙겨서 현금흐름으로 만드는 것이 제 성향과 맞습니다.

그래서인지 10번 중 8번을 익절로 마무리합니다. 트레이딩하는 분들은 아실 테지만 상당히 높은 수치입니다. 이 책을 끝까지 읽으면서 시장에서 매일 검증하면 1년 거래일 250일 이내로 여러분도 이렇게 될 수 있습니다.

다만 모든 거래에서 크게 먹을 수는 없다는 점을 기억해야 합니다. 그러면 단타하는 것이므로 거래수수료만 많이 나가는 것이 아니냐고 반문할 수도 있습니다. 맞습니다. 저는 평균적으로 수익금의 1/4을 수수료로 지불합니다. 정확하게는 이 수치를 맞추려고 노력합니다.

좀 더 자세히 설명해보겠습니다. 수수료를 많이 낸다는 것은 모든 거래기회에 참여한다는 의미입니다. 저는 손익비 높은 거래가 무엇인지 모릅니다. 단지 이익 중인 포지션을 되도록 빨리 팔지 않으려고 노력할 뿐입니다.

그래서 모든 거래에서 이익이 나면 본전에 스탑(손절)주문을 걸어 원금을 지킵니다. 이익이 커지면 이익금의 50% 혹은 25% 또는 75% 수준에 스탑주문을 겁니다. 장 분위기에 따라 스탑을 더 러프하게 걸거나 타이트하게 겁니다.

다음 페이지 차트에서 맨밑에 검은 가로줄에 손절매 주문을 걸고, 첫 번째 녹색 동그라미에서 진입을 했다고 가정해보겠습니다. 그로부터 약 10분 뒤에 스탑주문을 75% 수준에 걸었다면 그만큼의 이익을 보존할 수 있지만, 더 많은 수익을 얻지는 못했을 것입니다. (다음 봉이 마감된 이후에 고가 대비 75% 이익보존, 50% 이익보존, 25% 이익보존 등 이익보존 수준을 올리면서(트레일링 스탑)

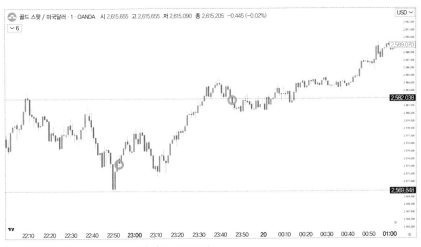

(2024-09-19, 22시 골드 차트 / 호가 제공 : OANDA)

거래할 수 있습니다.) 만약 50% 이익보존을 했다면 손절매주문이 나가지 않았을 테고, 이후 상승까지도 이익을 취할 수 있었을 겁니다.

이렇게 스탑주문을 타이트하게 하면 본전에서 거래가 종료되어 재주문을 해야 하는 일이 많이 생깁니다. 저는 모든 거래에 참여하여 이익을 보존하려고 노력하며, 최소한 원금을 지키고자 하기 때문에 거래의 빈도가 높습니다.

이제 2번째 동그라미 지점을 보겠습니다. 바로 출발할 것 같아서 매수포지션 진입을 했지만, 지표 발표나 장 초반 변동성으로 급격하게 빠질 것을 대비해 가까운 저가에 추가 매수주문도 걸어 두었습니다(2개의 포지션의 차이는 골드 기준 12포인트였습니다. 2024년 7월 5일 21시).

다음 페이지의 차트처럼 일부러 내 포지션이 물리길 바라며 진입할 때도 많습니다. 배경에는 지금 추세가 강해서 현재 가격 움직임이 조정을 주면 반드시 상승할 거라고 전망했기 때문입니다. 큰 수익은 물렸을 때 나오는 경우가 많았습니다. 위 2개 문단이 상이해 보이겠지만 많은 시장 경험을 통해서 반드시 익혀나가야 하는 거래 전략들입니다.

저는 승률을 중요하게 생각하는 트레이더지만 승률이 낮아도 돈을 버는 트레이더들이 있습니다. 이런 거래 유형의 사람들의 손절은 타이트합니다. 손절구간을 본전 혹은 자신이 생각한 지점에 두고 오랫동안 홀딩합니다. 다만 타이트하게 로스컷을 올리면서 수익 중인 포지션을 따라가면, 되돌림 구간에서 청산된 후 다시 상승하는 경우가 많습니다. 이로 인해 수익금을 반납하는 상황이 자주 발생합니다.

사람은 모두 길게, 오래 수익내고 싶어합니다. 저도 그렇습니다. 그래서 모든 거래에서 길게 먹어보려고 노력합니다. 위대한 트레이더들처럼 모든 거래에서 불타기는 못하더라도 최소한 길게 홀딩하려고 노력합니다. 길게

(2024-07-05, 21시 골드 차트 / 호가 제공 : OANDA)

먹는 거래의 승패는 로스컷(트레일링스탑)에 달렸습니다. 너무 타이트하게 수익구간을 따라붙여서 로스컷을 걸면 내 포지션을 청산시키고 가격은 출발해 버립니다. 물론 수익을 챙긴 것은 잘한 겁니다. 하지만 더 크게 수익을 낼 수 있는 거래가 많기 때문에 스탑주문을 좀 더 여유있게 잡는 훈련을 지속적으로 해야 합니다. 변동성이 큰 선물시장에서는 본전 혹은 이익의 절반을 지킨 뒤에 로스컷을 따라 붙는 것이 좋습니다.

5) 우리나라 최초의 선물거래소 이야기

여기서 잠깐 한국 선물시장 역사를 이야기하고 싶습니다.

선물거래소가 처음 시작된 도시는 인천입니다. 인천 미두거래소에서 이름을 알린 인물은 3명으로 알려져 있는데 반복창, 강익하, 조준호입니다. 이들 각각의 말로를 보면 선물거래에 어떻게 임해야 하는지, 선물거래로 번 수익금을 어떻게 관리해야 하는지를 잘 알려주기에 소개해보려고 합니다.

반복창은 밑천 400원으로 40만 원(현재 시세 400억 원)까지 불렸지만 결국 모든 걸 잃었습니다. 그는 끝까지 선물시장에서 맴돌다 목숨을 다했습니다. 서울 시내 자동차가 200여 대이던 시절, 반복창의 결혼식에 수십 대의 자동차가 동원되었다고 합니다. 1919년부터 미두거래소에서 본격적인 거래를 한 것으로 알려져 있는 반복창은 무려 100,000%에 이르는 수익을 3년 이상 올린 것으로 알려져 있습니다. 하지만 그의 패착은 항상 자신의 전 재산을 투자했다는 데 있었고, 결국 선물시장에서 번 돈 모두를 시장에 반납했습니다.

반면 강익하와 조준호는 인천 미두거래소에서 반복창보다는 못한 승률과 수익률을 올렸지만, 선물거래로 번 돈으로 대한생명, 동아증권, 사보이호텔 등을 세워 재산을 불려나갔습니다. 선물시장에서의 수입원에만 의존했다면 그들도 반복창과 같은 말년을 보냈을 것입니다.

승률이 높으면 더 빠르게 돈을 버는 것은 맞습니다. 하지만 선물시장에서 번 돈을 현물(주식, 부동산, 사업) 등으로 옮겨놓지 않는다면 내 전략이 시장에서 잘 맞지 않을 때에는 결국 모든 것을 잃는다는 교훈을 얻을 수 있습니다.

6) 내가 박스권 매매를 하지 않는 이유

많은 선물투자자가 돈을 잃으면 더 큰 돈을 넣어서 손실을 복구하려고 합니다. 더 큰 레버리지로 진입하는 셈입니다. 결론부터 이야기하면 연속된 손실에도 더 큰 비중으로 거래하는 건 시드를 녹이는 가장 빠른 길입니다.

내가 연속된 손절을 하고 있다면 지금 내 전략이 시장에 먹히지 않는다는 의미입니다. 이유는 여러 가지 있을 수 있습니다. 내 전략이 먹히지 않는 것일 수도 있고, 큰 지표를 앞두고 시장의 방향이 정해지지 않은 상태일 수도 있고, 선물상품이 만기가 임박해 기술적 분석이 통하지 않을 수도 있습니다. 현물과의 괴리를 좁혀나가거나 더 크게 벌려버리는 그런 시기 말입니다. 이럴 때는 일반적으로 되돌림이 많습니다.

이처럼 불확실성이 팽배해지는 시기에는 매수 혹은 매도 어느 한 방향이 잘 드러나지 않습니다. 제가 아직 방법을 못 찾은 것일 수도 있습니다만, 그렇기에 저는 시장이 방향을 명확하게 보여줄 때에만 진입합니다. 그래서 저는 횡보장 박스매매로 돈을 많이 벌 수 있다고 믿지 않습니다.

횡보장 박스권 매매를 한다는 건 방향을 생각하지 않고 특정 가격대의 상하단 매매를 한다는 뜻인데, 이럴 경우 어느 한 방향으로 출발할 때 반드시 크게 당하게 되고, 자신이 정한 기준에 따라 손절을 했다 하더라도 연속된 되돌림에 연속적인 손절이 날 수 있기 때문입니다.

이것은 승률은 물론이고, 손익비에도 위배되는 전략입니다. 즉, 돈을 벌 수 없는 전략입니다.

보조지표 혹은 매물대에 의존해 상하단 매매를 하다가 해당 추세라고 인지해서 손절시킨 방향으로 재진입하면 횡보장에서는 보통 방향을 되돌리기 때문에 연속된 손절이 날 확률이 높기 때문입니다.

횡보장에서는 변동성이 작을 때만 상하단에서 수익이 날 수 있는 것이지 거래량이 많은 주요 시간대에서는 어느 방향의 것을 선택해도 연속된 손절이 나올 수밖에 없습니다.

이러한 이유로 시간대와 어느 한 방향에 대한 진입계획 없이 단순 보조지표와 매물대에 의지해 박스권 매매를 하는 사람은 선물시장에서 오래 살아남지 못합니다.

볼린저밴드를 주로 보조지표로 사용하는 트레이더들이 박스권 매매를 한다고 알려져 있습니다. 그 또한 좋은 전략일 수 있지만 저는 정반대의 전략을 취합니다. 박스권에서는 손을 뗍니다. 이 박스를 어느 방향으로든 탈출할 때 운좋게 먹을 수도 있지만 보통은 큰 손실을 안겨주기 때문입니다.

기) 매매 실수를 줄이는 방법

저는 3개 장 이상의 전망을 거의 하지 않습니다. 2023년에 나스닥 상승 전망을 한 적이 있는데 이때는 긴 타임프레임(예를 들면 월-수-일봉상의 높은 확률의 자리)상 유력했기 인베스팅닷컴에 칼럼도 쓰고 유튜브에 영상을 올려 박제해 둔 것뿐입니다.

저 스스로 분석한 시나리오 때문에 돈을 많이 잃었기 때문에 매매 시나리오를 세워도 진입 직전에 바꿀 때가 적지 않습니다. 더 명확한 게 나오면 그것을 따라갑니다. 여기서 명확한 것은 앞서 이야기한 7가지 도구입니다. 매수 매도 우위 그리고 자리를 따집니다. 또한 증거금을 얼마나 넣을지, 계좌별로 미리 설정한 대로만 들어갑니다.

거래 방법별로 계좌를 나누어서 관리하면 매매 실수가 줄어듭니다. 학생들이 수학공책을 영어 공부할 때 쓰지 않듯이 말입니다. 단순히 계좌를 나누는 것만으로도 객관적인 통계를 낼 수 있습니다. '욕심 부려도 되는 계좌', '욕심 부리기보다는 승률을 집계하는 계좌'라는 식으로 구분합니다.

8) 무엇보다 근거를 믿어라

우리는 믿는 것을 믿습니다. 확증편향 때문입니다. 우위를 판단할 수 있는 근거들을 적고, 그 데이터를 기반으로만 판단해야 합니다. 어떠한 근거가 나에게 "이건 매수 타이밍이야"라고 말을 걸어 와도 내 손으로 적은 매수에 대한 근거로만 판단하고, 진입을 하더라도 최대 잃을 수 있는 폭을 미리 세팅함으로써 잘못된 분석에 대한 피해를 방지해야 합니다.

"오를 것 같아"라는 말만 안 해도 잘못된 의사결정을 하지 않을 확률이 매우 높아집니다. "오를 것 같아"라고 말하는 순간 자신의 눈은 매수 위주로만 사고하게 되기 때문입니다. 반대도 마찬가지입니다. 추상적으로 분석한 것을 입 밖에 내지 말고 근거를 나열해야 합니다. 잘 모르겠다면 아무 말도 하지 말아야 합니다.

지금 추세에 대해서(오르는지 빠지는지)만 이야기하면 됩니다. 앞서 1시간봉을 예시로 들었지만 각자 자신에게 맞는 타임프레임으로 하면 됩니다. 돈을 반복적으로 버는 데 유용한 타임프레임이 각자에게 있거나 생길 겁니다. 어떤 타임프레임을 사용하든 눈앞에 보이는 것만 인식하면 됩니다.

다시금 반복하지만 근거의 개수가 부족하다면 분석을 입 밖으로 꺼내지 말고, 남들이 어떻다 하는 것도 귀담아 듣지 말아야 합니다.

어느 정도 준비가 되었나요? 이제 직접 시장에서 경험하고, 경험한 매매를 복기하고, 승률이 높았던 구간을 메모하고, 많이 잃은 진입자리와 비중을 정리해보세요. 이렇게 정리한 것들을 반복하거나 하지 않아야 할 것들을 하지 않으면 실패가 크게 줄어듭니다.

9) 왜 빠지는데 오를 것 같다고 생각할까

해외선물시장은 아시아장, 유럽장, 미국장 이렇게 3개의 장으로 구성됩니다. 저는 각 장마다 주도하는 하나의 방향이 있다고 생각합니다. 예를 들어, 상승 출발 후 하락해 시가 부근에서 마무리되거나 하락했다가 반등하는 경우도 있지만, 결국 그날 시장이 보여준 흐름 자체가 하나의 방향성을 가진다고 보는 것입니다.

이러한 현상 때문에 선물거래에 참여하는 투자자들이 손실을 보고 있더라도 올라갈 것이라고 생각하는 경향이 강해진다는 것을 발견했습니다. 즉, 선물은 양방으로 거래가 가능하기 때문에 누군가 팔고 나가면 매도세가 발생되는 게 아니라 매도 자체에 베팅을 하는 기관/개인들이 있으니까 하락세가 생기는 것이라고 말입니다. 이 점이 주식과 다릅니다.

다시 돌아와서, 선물에서는 되돌림이 많기 때문에 대수롭지 않게 물리는 것을 내버려두는 경향이 강합니다. 이렇게 손실에서 수익 전환된 기억들이 누적될수록 증거금 10%를 초과하는 손실에도 재빨리 손절로 대응을 못하게 되는 경우가 많다는 것을 시장에서 경험으로 터득했습니다.

5 당신의 투자 유형은?

OVERSEAS FUTURES INVESTING

1) 주식을 지속하지 못한 이유

주식 공부를 하면서 상한가 따라잡는 매매, 지지/저항 눌림목매매, 돌파매매, 종가베팅, 시초가매매, 시간외 호가 잡기 매매 등 안 해 본 매매가 없습니다. 거래대금 1,000억 원 이상 터진 주도주 매매도 해봤습니다.

가치관은 오랫동안 홀딩하는 장기 투자에 가까웠지만, 돈을 빨리 벌어야 한다는 상황 때문에 단기 트레이딩을 선택했습니다. 그렇게 앞서 말한 매매를 해 본 결과 저는 스스로를 주식 트레이딩을 하기에 적합하지 않은 사람이라고 결론 내렸습니다.

주식투자를 하던 시절에는 늦어도 아침 9시 30분에는 화장실에 가거나 미팅이 있는 척을 했습니다. 물론 못하는 날도 있었지만 최대한 해봤던 것 같습니다.

매일 퇴근하면 특징주, 재료, 상한가 종목, 10% 이상 상승한 종목뿐만 아니라 5일선, 20일선 등 추세를 탄 종목과 1,000억 원 이상 거래대금이 터진 종목을 정리했습니다. 그렇게 노력했음에도 계좌는 우상향하지 못했습니다.

그래서 저는 주식에 대해 이런 결론을 내렸습니다.

'다른 수익원을 만들어 두고, 역사적 신고가를 기록한 종목에 자금을 분산투자해두자. 다만 손절 기준은 반드시 정하자. 매수한 금액의 -10%면 손절하거나 고점 대비 수익이 발생한 경우에는 수익금을 포함한 총금액의 10% 손실이 났을 때 손절하는 방식으로 리스크를 관리하자.'

물론 훌륭한 주식 단기매매법과 스윙투자 혹은 버핏과 같은 초장기 투자 전략이 있겠지만 저와는 맞지 않았습니다. 무엇보다 맞지 않는 걸 붙들고 있을 시간이 저에게 없었습니다.

그렇게 저는 다른 현금흐름을 만들고자 부단히 노력했고, 그러다가 나스닥 선물 거래를 알게 되었습니다.

2) 내 인생을 바꾼 선물투자

저의 유일한 목표는 경제적 독립이었고, 돈에 대한 관념은 대부분 찰리 멍거와 보도 섀퍼에게 배웠습니다.

많은 사람이 선물은 위험하다고 이야기하지만, 저는 오히려 선물거래로 빠르게 경제적 자유를 이뤘습니다. 여기서 확실히 할 것은 엄청나게 큰 부를 이루었다는 뜻이 아닙니다. 경제적으로 완전히 독립적인 사람이 되었다는 말입니다.

저에게 경제적 독립이란 한 달에 쓰는 돈의 10배를 버는 것입니다. 이 정도만으로도 부동산투자나 기타 다른 재테크를 잘할 필요가 없어집니다. 여기에 하나 더, 저는 시간의 가치를 중요하게 생각합니다. 저는 제가 매일 16시간씩 일할 수 없는 사람이란 것을 잘 압니다. 이건 일을 사랑하는지 여부와 관계없습니다. 가족과 보내는 행복한 시간, 제가 좋아하는 다양한 분야와 취미들을 누리고 시도할 수 있는 시간들이 저에게 돈 이상의 가치를 주거든요. 그리고 이런 시간과 여유와 경험이 또 저에게 돈을 벌어다주는 일이 됩니다.

주식투자에 실패했을 때는 불가능해 보이던 것들을 저는 선물거래로 모두 이루었습니다. 주식시장에서 거듭 투자에 실패했을 시기에 세상에 존재하는 모든 매매 방법을 시도해 봤습니다. 주식 공부도 열심히 했습니다. 차트, 산업분석, 재료공부, 재무제표는 기본이고 테마가 나올 때마다 이슈 해석까지 전부 했습니다.

투자 서적들을 포함해서 주식 강의에만 어림잡아 5천만 원은 쓴 것 같습니다. 주식투자에서 실패한 사람들은 공감할 겁니다. 주식은 차트 분석만 한다고 수익으로 이어지지 않습니다. 재료, 뉴스, 거래량, 수급, 호가창 분석, 심지어 시장의 분위기까지 공부해야 합니다. 이게 저에게는 큰 곤욕이었습니다. 공부할 게 너무 많았거든요. 또 사업보고서를 뒤져가며 얻은 산업에 대한 이해 혹은 특정 테마에 대한 이슈가 생각보다 너무 빨리 사라졌습니다. 무엇보다 세력을 파악하는 게 저에게는 정말로 어려운 일이었습니다.

그래서 눈을 돌려 성장주 투자를 하려고 했는데, 성장주는 너무 길게 보더군요. 보통 1년, 3년 길게는 10년씩 기다리는 찰리 멍거와 같은 초장기 투자 전략은 확실한 수익을 가져다줄 테지만, 매달 현금흐름을 만들어야 하는 저에게는 맞지 않았습니다. 그리고 주식으로 큰 수익을 본 사람들의 대부분은 신용미수거래를 합니다. 신용미수를 쓴다는 건 빚을 내면서 매매한다는 뜻이기 때문에 투자를 할 때 제대로 된 판단을 하기 어려워집니다. 더불어 제가 일하는 시간에 주식장이 시작하기 때문에 업무에 집중하기도 어려웠습니다.

선물은 주식투자와 달리 차트만 공부해도 돈을 벌 수 있고, 내가 원하는 시간에 언제든지 거래할 수 있으며, 빚을 안 내고 레버리지를 쓸 수 있습니다. 이 선택이 제 인생을 180도 바꿨습니다.

3) 투자자 유형 3가지

시장에 돈을 갖다 바치면서 많은 연구를 해봤습니다. 이것까지 해봤다고? 하며 놀랄 만한 매매 방법까지 해보았는데, 지금은 모두 버렸습니다.

그래서 이 책에 특정 타이밍에만 맞는 방법을 소개할 생각은 없습니다. 우리는 매일 수익을 내야 하는 데이트레이더이기 때문입니다. 왜 매일 수익을 내야 하냐고요? 이것만이 유일하게 시장에서 내 전략이 계속 작동하고 있는지 검증할 수 있는 유일한 길이기 때문입니다. 돈뿐만이 아니라 내가 시장에서 통하는지를 매일 확인할 수 있기 때문입니다.

저는 투자자 유형을 3가지로 분류합니다.

첫 번째 유형은 훌륭한 스캘퍼*입니다. 타고난 감각을 지닌 이들은 고점을 돌파할 때 따라 들어가서 이익을 실현하는 투자자 유형으로도 볼 수 있습니다. 매수와 매도를 신속하게 진행하여 시장의 미세한 변동을 포착하고, 한 번의 거래로 큰 이익을 얻기보다는 작은 수익을 여러 번 쌓는 것을

스캘퍼

스캘퍼(scalper)는 주식, 외환, 선물 등 금융 시장에서 초단타 매매를 통해 소액의 수익을 반복적으로 추구하는 투자자를 의미합니다. 이들은 수초에서 수분 이내의 짧은 시간 동안 포지션을 열고 닫으며, 하루에 수십에서 수백 번의 거래를 수행합니다.

목표로 합니다. 짧은 시간 내에 포지션을 청산하므로 시장 변동에 따른 리스크를 제한할 수 있고 상승장과 하락장 모두에서 수익을 추구할 수 있습니다. 스캘핑은 높은 리스크와 거래 비용이 동반되므로 충분한 경험과 기술이 필요합니다. 초보 투자자에게는 권장되지 않으며, 경험과 지식을 갖춘 투자자라면 이 전략을 통해 꾸준한 수익을 창출할 수 있습니다.

이들은 보통 1분봉, 5분봉에서 손절하며, 손절 라인도 올립니다. 더불어 가치 투자자에게 흔히 행해지는, 수익이 반납되는 것에 대한 인내도 없는 편입니다. 이를 위해서는 손과 판단이 굉장히 빨라야 합니다.

두 번째 유형은 눌림 구간을 기다리고 내가 생각한 방향으로 가격이 움직일 때 진입하는 경우입니다. 이들은 손실을 보는 것을 두려워한다는 특징이 있으며, 단순히 눌릴 때 잡는 유형과 되돌아 나가거나 재돌파할 때 잡는 유형으로 나눌 수 있습니다.

세 번째 유형은 원하는 가격을 표시해 두고 그 가격이 왔을 때 거래하는 경우입니다. 이들은 시장이 보여주는 추세와 무관하게 자신이 표시한 가격에만 진입합니다. 진입 가격과 절대 타협하지 않으며, 손절 라인과 거래 텀(기간)이 깁니다. 흔치 않은 투자자 유형으로, 엄청난 인내심을 필요로 합니다.

세 번째 유형을 예로 들어 보겠습니다. 주봉-캔들차트에서 매주 수요일 이후에 주봉의 저점과 고점이 50% 이상 되돌려졌을 때만 진입하는 방식입니다. 보통 주요 매물대에서 거래하며 원하는 가격에서만 거래하기 때문에 주에 한두 번 기회가 옵니다.

자신의 퍼스널 투자 유형을 정의하면 나와 맞는 거래와 그렇지 않은 거래를 구분할 수 있습니다. 많은 종목을 거래하는 유형, 1개만 거래하는 유형, 2~3개만 거래하는 유형 등 종목의 개수로도 유형을 세분화할 수 있습니다.

저를 예로 들어보겠습니다.

저는 이익을 놓치는 것보다 손실을 보는 것이 더 두려운 투자자였고, 종목이 10개 미만이어야 했고, 뉴스를 보는 것을 싫어했으며, 밤시간 거래가 더 잘 맞았습니다. 그래서 두 번째 퍼스널 투자 유형으로 스스로를 정의했으며 선물거래를 선택하게 되었습니다.

6 세력의 의도는 캔들의 크기로 파악한다

OVERSEAS FUTURES INVESTING

주식시장에서는 주가의 움직임에 큰 영향을 주는 존재를 세력이라고 부르죠. 선물시장에서는 이런 존재를 마켓메이커라고 부릅니다. '시장을 만들어나가는 주체'라는 뜻이죠. 이런 마켓메이커는 나스닥선물이나 금선물 같은 큰 시장에서 가격을 만들어나가기 때문에 코스닥주식이나 알트코인과 달리 개인투자자가 포착하기 쉽습니다. 비교할 수 없을 만큼 큰 유동성을 지닌 시장이기 때문입니다.

예를 들어보겠습니다.

다음 페이지의 그림은 금 선물 2024년 6월 초의 차트입니다. 왼쪽 박스처럼 평소보다 큰 하락이 나오고 방향이 아래쪽으로 향하면, 그 이후로는 일정 퍼센테이지만큼 되돌림이 나오더라도 매도로만 대응하는 것이 트레이딩 관점에서 올바른 접근 방식입니다.

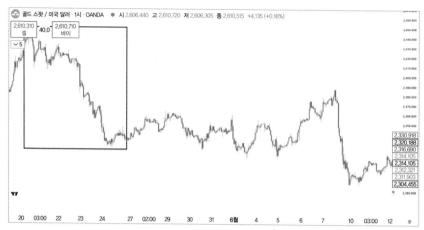

(2024-05-20 ~ 2024-06-05 골드 차트 / 호가 제공 : OANDA)

　　이유는 추세가 등장했기 때문입니다. 처음 강한 하락 추세가 등장했다면, 그 방향으로 베팅한 매도 포지션들은 아직 청산되지 않았을 가능성이 높습니다. 즉 추세의 초입이므로 매도세가 여전히 강하게 유지될 가능성이 크며, 일시적인 되돌림이 있더라도 추가 하락이 나올 확률이 높습니다. 그래서 저는 위 차트처럼 1시간봉에서 장대음봉이 등장하면 그것을 마켓메이커가 리드하는 방향이라고 생각하며 거래에 임합니다.

OVERSEAS
FUTURES
INVESTING

Chapter

3

한국 사람은 달러 소득을
만들어야 한다

1 왜 달러일까?

왜 한국 사람은 달러를 벌어야 할까요? 달러의 가치 상승과 한국 원화의 관계를 살펴보겠습니다.

아래 왼쪽은 달러인덱스 차트이고, 오른쪽은 달러/원 차트입니다. 2021년 10월 28일부터 달러의 가치는 상승해왔음을 확인할 수 있습니다. 전 세계적으로 달러가 많이 풀려서 달러의 가치가 하락하고 있는데도 달러/원 환율은

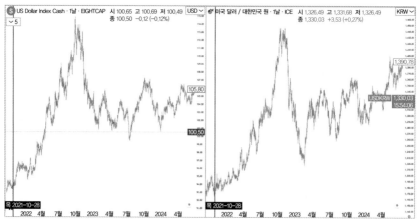

(2021-10-28 ~ 2024-04-18 달러인덱스 차트
/ 호가 제공 : EIGHTCAP)

(2021-10-28 ~ 2024-04-18 달러/원 차트
/ 호가 제공 : ICE)

계속 오르는 게 보이시나요?

과거에는 달러가 오르면 원화로 달러를 살 수 있는 환율이 오르고, 달러의 가치가 떨어지면 원화로 달러를 살 수 있는 환율이 떨어졌는데, 지금은 한국 돈의 가치가 달러의 가치보다 더 극심하게 떨어지고 있습니다. 한국시장 전체의 경쟁력을 믿고 내 자산을 보관하기가 불확실한 상황에 놓인 것이죠.

일시적인 현상 아니냐고 말하는 사람도 있겠습니다만, 저 같은 트레이더는 눈앞에 놓인 추세를 믿습니다. 더불어 일시적인 현상이라고 말하는 사람은 시장을 전망하고 있다는 뜻인데, 과연 일반인이 시장을 장기적으로 전망할 수 있을까요? 적어도 저에게는 그런 능력이 없습니다. 원화의 추세를 보고 추세대로 달러를 모을 수밖에 없습니다.

2 얼마가 필요할까?

OVERSEAS FUTURES INVESTING

종잣돈이 많으면 더 유리할까요? 결론부터 말하자면 답은 '아니오'입니다. 해외선물은 아주 적은 돈으로도 시작할 수 있습니다.

상품별 증거금 (레버리지 1:500, 1랏 기준) 2023년 6월 6일 기준

나스닥	골드	오일	유로달러	달러엔	파운드달러	파운드엔
$38	$304	$15	$217	$200	$255	$255

위의 표와 같이 몇만 원만 있으면 선물투자를 할 수 있습니다. 만약 나스닥을 최소 증거금인 38달러로 매일 한 달간 매수/매도한다면 어떻게 될까요? 내가 잃을 수 있는 돈의 크기는 최대 38달러인 반면, 수익금에는 상한선이 없습니다. 앞에서 잠시 다룬 방법론만으로도 승률은 50%를 훨씬 넘습니다. 승률은 50%가 넘고, 잃을 수 있는 돈은 38달러로 제한되어 있는 반면 이익의 크기는 제한되어 있지 않기 때문에, 월 단위로 평균을 내면 이익으로 거래를 마감할 수 있을 것입니다.

그렇다고 이런 결론에 흥분해서 예수금 금액을 올리지 마시길 바랍니다. 그 전에 충분한 훈련을 통해 일 결산 20거래일 연승을 경험해 봐야 합니다.

1) 100만 원으로도 될까요?

글을 작성하는 2024년 기준으로, 100만 원만 있으면 국내 증권사에서 CME 선물 거래로 마이크로 크루드 오일을 거래할 수 있습니다. 글을 작성하는 2024년 기준으로 나스닥과 골드는 가격이 많이 상승해서 각각 200만 원, 100만 원으로는 CME를 통해 거래조차 할 수 없습니다. (2024년 기준, 국내 증권사를 통해 CME 선물 거래를 진행하려면 최소한의 증거금이 필요합니다. 과거에는 100만 원 정도로 마이크로 나스닥이나 마이크로 골드를 거래할 수 있었지만, 최근 시장 상승으로 인해 이제는 더 많은 자금이 필요하게 되었습니다. 현재 100만 원으로 거래 가능한 종목은 마이크로 크루드 오일뿐입니다.) 적은 돈으로 선물 거래를 하려면 CFD를 통해야 합니다. CFD 거래소 리스트는 인베스팅닷컴을 참고하면 됩니다.

인베스팅닷컴 브로커페이지(https://kr.investing.com/brokers/cfd-brokers/)

2) 얼마를 잃을지 결정하기

레버리지를 고려해서 선물거래를 하면 100만 원으로도 한 달에 100만 원을 벌기 어렵지 않습니다만, 앞서도 강조했듯이 '감당할 수 있는 절대 손실금액'을 고려해야 합니다. 절대 손실금액은 예수금의 1~10%가 적당합니다. 절대 손실금액은 승률과도 관련이 있는데요. 즉 내가 얼마를 잃기로 결정하느냐에 따라서 거래의 승률도 나옵니다. 진입 방법만으로는 승률이 나올 수 없습니다. 1) 얼마를 잃을지 결정하고, 2) 자신의 방법으로 매매를 하고, 해당 손실구간이 왔을 때 바로 손절을 하면 이익거래 승률이 나오는 것입니다. 3) 어디까지 이익을 가져갈 것인지는 뒤에 목표가 설정 도구들을 통해서 배울 예정입니다.

1, 2번으로 자신의 승률을 확보한 이후에 최소 이익을 얼마나 가져갈지를 설정해야 합니다. 1, 2, 3의 조합으로 내 계좌가 우상향한다면 그때부터는 스탑 로스 등의 도구들을 통해서 거래당 계좌 우상향 비율을 극대화해 나가면 됩니다.

3 잘 버는 시장에서 거래하라

OVERSEAS FUTURES INVESTING

2023년 6월 28일 제 유튜브 채널에 〈엔비디아 주식을 사면 인생을 바꿀 수 있다〉는 제목의 영상을 올렸습니다. 이 영상이 현재까지 제가 유일하게 미국주식 종목을 추천한 영상입니다. '내가 말했지~ 했잖아'라며 잘난 체하려는 게 아닙니다. 저는 선물거래로 현금흐름을 만든 뒤에 유망한 미국주식에 내 소중한 돈을 예금통장처럼 파킹하는 용도로 씁니다.

주식으로 크게 성공한 사람들이 나와서 이런저런 성공 스토리를 이야기하고 노하우를 알려주면, 그 영상을 본 사람들이 자신도 그렇게 될 거라는 생각 아래 뒤늦게 그 주식에 뛰어듭니다. 저도 이런 과정을 거치면서 번번이 주식시장에서 깨졌습니다. 감사하게도 선물시장을 알게 되었고 이 시장에서 돈을 버는 제가 이제 와서 한국 주식시장에서 거래한다고 수익을 낼 수 있을까요?

다음 페이지의 그림은 2004년부터 2024년까지 코스피와 나스닥 성장률을 비교한 것입니다. 코스피는 동 기간 551% 성장한 반면, 나스닥은 1,984% 성장했습니다. 다른 시장은 어떠하냐고요? 한국의 코스닥은 지난 20년간

2004~2024년까지 20년간 코스피 성장률 vs. 나스닥 성장률

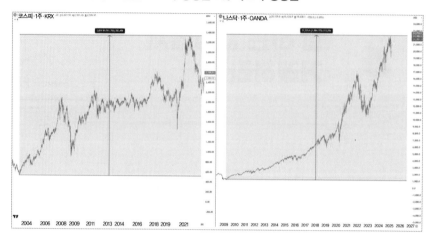

223% 성장했고, 미국 S&P500은 654% 성장했습니다.

퍼스널 투자 유형이 있는 것처럼, 퍼스널 마켓 역시 존재한다고 믿습니다. 그러니 자신이 잘 버는 시장에서 거래하세요.

4 시장의 주요 거래 시간

OVERSEAS FUTURES INVESTING

미국은 1년에 250~252일의 거래일이 있습니다. 왜 365일이 아닌 252일일까요? 연간 거래일 수는 다양한 요인에 따라 달라집니다. 그해의 휴일과 주말을 제외하고 계산되기 때문이죠.

미국의 공휴일은 새해 첫날인 1월 1일, 마틴 루터 킹 데이인 1월 15일, 대통령의 날인 2월 19일, 성금요일인 3월 29일, 현충일인 5월 27일, 독립기념일인 7월 4일, 노동절인 9월 2일, 추수감사절인 11월 28일, 크리스마스인 12월 25일입니다.

따라서 선물시장 거래일은 주말과 공휴일을 제외하고 금융시장이 영업하는 날이며, 매년 정확한 개장일이 달라집니다.

뉴욕증권거래소(NYSE) 및 나스닥(Nasdaq)과 같은 미국 주요 증권거래소의 일반적인 거래일은 동부시간(Eastern Time) 기준 오전 9시 30분부터 오후 4시까지입니다.

그러나 외환 시장(forex market)은 하루 24시간, 주 5일 운영됩니다. 외환 거래는 런던, 뉴욕, 도쿄, 시드니와 같은 주요 금융 허브와 거래 세션이 겹치기 때문에 거래가 쉽지 않은 것입니다. 일반적으로 거래는 시드니 세션에서 시작하여 전 세계로 이동합니다. 즉, 어딘가에 항상 시장이 열려 있어 낮이든 밤이든 언제든 거래할 수 있습니다.

선물시장의 거래일, 거래시간에 대해 정리된 인터넷 글조차 없어서 이 책에서 정리를 해보겠습니다. 해외선물 거래 자체는 각 대륙별로 나뉘어 있는 게 아닙니다. 시간대별로 하루 3번의 장, 즉 아시아장, 유로장, 미국장이 열리는 것이죠. 휴장은 1시간입니다.

한국 시간(KST)을 기준으로 각 시장의 주요 거래 시간은 다음과 같습니다.

1) 아시아 시장

서머타임 미적용 기준으로 아시아장을 먼저 살펴보겠습니다. 한국 시간 (KST) 기준으로 오전 8시부터 오후 4시 59분 59초까지 거래가 가능합니다.

도쿄증권거래소(TSE) 개장은 오전 9시, 폐장은 오후 3시이며 점심 휴장은 오전 11시 30분부터 오후 12시 30분까지입니다. 홍콩증권거래소(HKEX) 개장은 오전 10시 30분, 폐장은 오후 5시이며 점심 휴장은 오후 1시에서 2시까지입니다.

2) 유럽 시장

한국 시간(KST) 기준으로 오후 4시(16시)부터 밤 10시 29분 59초까지 거래가 가능합니다.

런던증권거래소(LSE) 개장은 오후 5시, 폐장은 오전 1시 30분이며 서머타임을 적용할 경우는 오후 4시부터 오전 0시 30분까지입니다. 프랑크푸르트 증권거래소(FSE) 개장과 폐장 역시 같은 시간대입니다.

3) 미국 시장

미국장은 한국 시간(KST) 기준으로 밤 11시 30분부터 오전 7시까지입니다.

뉴욕증권거래소(NYSE) 개장은 밤 11시 30분, 폐장은 오전 6시이며 서머타임을 적용할 경우는 오후 10시 30분부터 오전 5시까지입니다. 시카고상품거래소(CME)의 주요 선물 상품 거래 시간은 오전 8시부터 다음날 오전 7시까지, 즉 1시간 휴장 외 하루 23시간 열립니다. 서머타임을 적용할 경우 오전 7시부터 다음 날 오전 6시까지입니다.

서머타임(Daylight Saving Time) 기간에는 각 시장의 개장 및 폐장 시간이 1시간씩 앞당겨지므로 서머타임이 언제부터 언제까지인지를 꼭 알아두어야 합니다. 서머타임이 적용되는 기간은 미국과 유럽이 조금 다른데요. 미국은 매년 3월 둘째 주 일요일부터 11월 첫째 주 일요일까지이지만, 유럽은 매년 3월 마지막 일요일부터 10월 마지막 일요일까지입니다.

이렇게 대륙별 주요 거래소의 개장, 폐장 시간과 연계되어 1년 250일 정도의 거래일과 하루 3번 장이 열리는 것입니다.

그런데 개장 시간대를 자세히 봤다면 눈치채셨겠지만, 유로장(런던장)과 미국장이 2시간가량 겹칩니다. 그래서 미장이 시작하고 2시간 정도가 변동성이 가장 급격할 때이고요. 이 시간대에 변동성과 불확실성이 커집니다. 유로장 트레이더들의 의사결정, 다양한 트레이딩 알고리즘이 유입되는 시간이기 때문이라고 분석합니다.

4) 각 장에 맞는 전략 세우기

앞서 알아봤듯이 우리는 하루 3번의 장을 만날 수 있습니다. 그래서 지난 장에서 이익을 못 냈더라도 다음 장에서 또 기회를 잡을 수 있습니다.

각 장마다 어떻게 할지 계획을 세워야 합니다. 장 막판에 포지션을 가지고 있다면 다음 장을 예측했다는 뜻입니다. 의도한 게 아니라면 장이 시작할 때마다 새로운 전략을 세팅해야 합니다. 하루에 3번 장이 열리기 때문에 선물투자자의 트레이딩 실력도 빠르게 늘 수 있습니다.

그렇다면 23시간 열리는 장을 하루 종일 봐야 할까요? 그러면 돈을 더 벌 수 있을까요? 결론부터 말하면 아닙니다. 정말 자주 듣는 질문 중 하나가 "수익이 나기 시작하는데 전업투자를 해도 될까요?" 같은 질문입니다. 이에 저는 단호하게 "그렇게 하지 마십시오" 하고 대답합니다. 투자 소득이 비약적으로 커지면 월급 정도는 푼돈으로 느껴지거나 포기해도 되겠다 싶겠지만 제발 그러지 마세요. 저는 각 장(아시아, 유로, 미장)에서 장 초반 2시간 이후에 앞으로 배울 기술적 분석 도구로 30분에서 1시간만 매매해도 내 계좌를 2% 이상 증가시킬 수 있다고 생각합니다. 실제로 이 승률과 손익비를 근거로 매매를 하고 있습니다.

이 시간마저 낼 여유가 없을 만큼 바쁜 직장인이 아니라면 전업투자를 고려할 필요가 전혀 없다고 단언할 수 있습니다. 오히려 하루 종일 장을 보다가 혹은 전업투자라서 더 큰 수익을 내려는 욕심 때문에 손실을 볼 수 있습니다.

스탑로스를 반드시 설정해야 하는 이유

OVERSEAS FUTURES INVESTING

스탑로스(Stop Loss)는 투자에서 손실을 제한하기 위해 설정하는 전략입니다. 스탑로스는 우리에게 생명줄입니다. 매매 전략 하나 없더라도 스탑로스 기능 하나만 잘 사용한다면 돈을 벌 수 있다고 생각합니다.

스탑로스는 투자자가 보유한 자산의 가격이 특정 수준에 도달하면 자동으로 매도하여 손실을 제한하는 주문입니다. 스탑로스에는 스탑 마켓 주문과 스탑 리밋 주문이 있습니다. 스탑 마켓 주문은 설정한 가격에 도달하면 시장가로 매도하고, 스탑 리밋 주문은 설정한 가격에 도달하면 지정가로 매도합니다.

스탑로스를 활용하면 리스크 관리와 감정적인 결정을 막을 수 있습니다. 손실을 미리 설정하여 감수할 수 있는 범위 내로 제한할 수 있으니까요. 단점으로는 슬리피지 위험, 즉 시장 변동성이 클 경우 예상치 못한 가격에 체결될 수 있는 리스크가 있습니다. 이로 인해 불필요한 매도가 발생할 수 있습니다.

로스컷(Loss Cut)은 기관투자자들이 일정 비율 이상의 손실이 발생하면 강제로 매도하여 손실을 제한하는 기법입니다. 기관들은 보통 10~30%의 손실이 발생하면 자동으로 매도하는 규정이 있습니다. 이를 통해 큰 손실을 방지하고, 투자 안정성을 높입니다. 다만 로스컷 역시 일시적인 가격 변동으로 인해 불필요한 매도가 발생할 수 있습니다.

스탑로스는 개인투자자들이 설정하는 반면, 로스컷은 주로 기관투자자들이 사용하는 기법입니다. 스탑로스는 투자자가 직접 설정하지만, 로스컷은 기관의 규정에 따라 자동으로 이루어집니다. 이러한 전략은 투자자의 손실을 제한하고, 감정적 결정을 방지하여 안정적인 투자 관리를 도와줍니다.

결국 선물은 롱/숏에 베팅하는 방향 맞히기 게임입니다. 꼭 도박과 비슷하게 들릴 테지만, 분명한 차이가 있습니다. 불확실한 결과에 기반을 둔 도박과 달리 선물은 베팅에 근거가 있습니다. 그저 다양한 경제적 이슈와 기술적 분석 도구를 활용한 방향 맞히기라고 이해하면 됩니다.

이 방향 맞히기 게임에서 위험을 제한한다면 위대한 투자자가 될 수 있습니다. 잃을 수 있는 한도는 최대 1만 원인데 수익에는 제한이 없고 승률은 51%가 넘는다면 돈을 벌겠죠? 이 점에는 모든 사람이 동의할 겁니다. 하지만 여기서 중요한 건 1만 원에서 잃어줘야 한다는 것입니다. 인간의 심리상 1만 원에서 손절을 잘 못 하죠. 그렇기 때문에 우리는 진입과 동시에 로스컷 세팅을 해두어야 하는 겁니다. 개인적으로는 이 로스컷 기능이야말로 존 보글이 만든 인덱스 펀드보다 개인투자자에게 더 위대하고 도움이 되는 창조물이라고 생각합니다.

수익 인증 – 6월 2일 라이브(5월 31일 33억 출금 인증)

N.01 계좌 잔고 $2,117,705.71 평가금 $2,073,465.71 손익 -$44,240.00 사용증권이익 $28,020.28 여유증권 7,399.9%

데이터	유형	심볼/주문	거래량	순이익	점수	% 변동	오픈시간	오픈 프라이스	S/L	T/P	마감 시간
D123143717	매도	XAUUSD+	20.00	280.00	0.2	-0.01%	2024/05/30 22:35:25	2342.23	-	2337.95	2024/05/30 22:46:29
D123342971	매도	NAS100+	100.00	620.00	6.9	0.01%	2024/05/30 22:37:48	18744.13	-	2344.90	2024/05/30 22:39:36
D123342367	매도	NAS100+	100.00	720.00	7.9	0.01%	2024/05/30 22:37:49	18744.13	-	2345.59	2024/05/30 22:39:35
D123345801	매수	NAS100+	100.00	595.00	6.7	0.01%	2024/05/30 23:04:20	18724.23	-	-	2024/05/30 23:06:18
D123196444	매도	XAUUSD+	20.00	2,320.00	13.1	0.05%	2024/05/31 01:10:38	2344.42	-	-	2024/05/31 01:43:52
D123183040	매도	XAUUSD+	20.00	2,040.00	11.7	0.04%	2024/05/31 10:54:06	2346.92	-	-	2024/05/31 11:09:15
D123183728	매도	XAUUSD+	20.00	740.00	5.2	0.02%	2024/05/31 11:15:21	2343.97	-	-	2024/05/31 11:21:31
D123190466	매도	XAUUSD+	20.00	-2,400,000.00		0.00%	2024/05/31 13:45:30		-	2348.33	2024/05/31 13:45:30
D123143262	매수	CL-OIL	20.00	-140.00	0.8	-0.01%	2024/05/31 17:03:52	2344.83	-	77.567	2024/05/31 22:23:28
D123427303	매수	XAUUSD+	20.00	-7,360.00	34.8	-0.34%	2024/05/31 17:48:44	77.677	-	-	2024/05/31 23:30:50
D123146069	매수	XAUUSD+	20.00	400.00	3.5	0.02%	2024/05/31 22:31:52	2346.84	-	2347.83	2024/05/31 22:32:03
D1234181391	매수	XAUUSD+	20.00	1,900.00	11.0	0.09%	2024/05/31 22:38:30	2346.73	-	-	2024/05/31 22:39:14
D123427304	매수	CL-OIL	20.00	8,840.00	46.2	0.41%	2024/05/31 22:56:12	78.487	-	2352.79	2024/05/31 23:30:50
D123428082	매수	XAUUSD+	20.00	2,800.00	15.5	0.13%	2024/05/31 23:31:52	2350.75	-	2353.88	2024/05/31 23:33:23
D123429639	매수	XAUUSD+	20.00	1,240.00	7.7	0.06%	2024/05/31 23:40:12	2351.41	-	2346.74	2024/05/31 23:41:56
D123464257	매수	XAUUSD+	20.00	-43,200.00	214.7	-0.20%	2024/06/01 00:07:43	2344.56	-	18478.35	2024/06/01 04:54:36
D123460583	매수	NAS100+	100.00	-4,365.00	-43.0		2024/06/01 00:31:13	18371.93	-	-	2024/06/01 03:27:09
D123460581	매수	NAS100+	100.00	4,995.00	50.6	0.23%	2024/06/01 01:53:38	18278.83	-	-	2024/06/01 03:27:08

2,000 -2,386,310... 250.1 -0.12%

45 orders

수익 인증 – 10월 20일 라이브(10월 16일 골드 5억 원 익절)

계좌 N.02 — 잔고 $ 2,443,367.00 | 평가금 $ 2,443,367.00 | 손익 $ 0.00 | 사용중인 마진 $ 20.23 | 마진 레벨 12,077,938.7%

아이디	종류	심볼	수량	순손익	핍	% 변동	오픈 시간	오픈 프라이스	S/L	T/P	마감 시간
D#242524794	매수	NAS500+	20.00	444.00	22.9	0.02%	2024/10/14 17:05:02	20282.23	20271.93	20308.00	2024/10/14 17:45:23
D#242524796	매수	NAS100+	100.00	2,220.00	22.9	0.10%	2024/10/14 17:05:08	20282.23	20271.87	20308.00	2024/10/14 17:45:24
D#242524797	매수	NAS500+	100.00	2,195.00	22.7	0.10%	2024/10/14 17:05:09	20282.23	20271.87	20308.48	2024/10/14 17:45:25
D#242582428	매수	XAUUSD+	20.00	7,230.00	35.6	0.36%	2024/10/14 23:03:20	2651.17	2647.61	---	2024/10/15 00:20:01
D#242582429	매수	XAUUSD+	20.00	7,460.00	35.8	0.36%	2024/10/14 23:03:20	2651.19	2647.61	---	2024/10/15 00:20:01
D#242582430	매수	XAUUSD+	20.00	7,580.00	38.4	0.37%	2024/10/14 23:03:28	2651.25	2644.55	---	2024/10/15 16:23:35
D#242654443	매도	XAUUSD+	20.00	6,880.00	35.9	0.31%	2024/10/15 00:21:05	2648.14	2644.76	---	2024/10/15 16:23:40
D#242654466	매도	XAUUSD+	20.00	6,620.00	34.6	0.30%	2024/10/15 00:21:05	2648.22	2644.76	---	2024/10/15 16:23:40
D#242654467	매도	XAUUSD+	20.00	7,080.00	38.9	0.33%	2024/10/15 00:21:06	2648.45	2644.76	---	2024/10/15 13:29:34
D#242637822	매도	NAS500+	100.00	68.00	1.4	0.00%	2024/10/15 00:27:18	20478.13	20476.75	---	2024/10/15 13:29:34
D#242637823	매도	NAS100+	100.00	18.00	0.9	0.00%	2024/10/15 00:27:19	20477.63	20476.75	---	2024/10/15 13:29:34
D#242637824	매도	NAS500+	100.00	7.00	0.8	0.00%	2024/10/15 00:27:19	20477.63	20476.86	---	2024/10/15 13:27:37
D#242637689	매도	CL-OIL	20.00	42,940.00	216.7	2.08%	2024/10/15 00:28:43	73.899	71.928	---	2024/10/15 13:27:38
D#242637692	매도	CL-OIL	20.00	42,940.00	216.7	2.04%	2024/10/15 00:28:44	73.899	71.931	---	2024/10/15 13:27:38
D#242637693	매도	CL-OIL	20.00	42,940.00	216.7	2.00%	2024/10/15 00:28:44	73.899	71.932	---	2024/10/15 13:27:39
D#242771408	매도	XAUUSD+	20.00	4,720.00	25.1	0.21%	2024/10/15 22:44:39	2654.18	2657.48	---	2024/10/15 23:45:01
D#242771413	매도	XAUUSD+	20.00	3,160.00	17.3	0.14%	2024/10/15 22:45:18	2653.46	2657.51	---	2024/10/15 23:45:02
D#242879709	매수	XAUUSD+	20.00	56,080.00	281.9	2.53%	2024/10/15 23:45:04	2651.86	2680.05	2696.00	2024/10/16 23:50:00
D#242829797	매수	XAUUSD+	20.00	56,120.00	282.1	2.47%	2024/10/15 23:45:05	2651.78	2679.99	2696.53	2024/10/16 23:50:00
			2,340	354,681.20	2,310.2	16.99%					

42 orders

2 PART

선물거래를 위한
기초체력 단련하기

경제지표 캘린더
파악하기

1 선물 단타에 경제지표 일정 체크는 필수

저는 경제 이벤트 일정 체크를 위해 인베스팅닷컴 - 도구 - 경제캘린더를 이용합니다. 여기서는 연방준비제도의 현 의장인 파월의 연설, 금리 결정 일정, 소비자물가지수 발표 일정, 그리고 각종 경제지표들의 현재와 과거 정보를 확인할 수 있습니다.

이 일정을 확인하지 않았다가는 거래하다가 갑자기 큰 변동성에 당황할 수 있으니 반드시 확인해야 합니다.

시장 ⌄　★ 내 관심목록　암호화폐　차트　뉴스　분석　기술적 분석　브로커　도구 모음　교육

경제 캘린더　휴일 캘린더　실적발표 캘린더　환율 변환기　피보나치 계산기　외환 변동성　통화 히트맵

시간	외화	중요성	이벤트	실제	예측	이전
			2025년 1월 29일 수요일			
하루 종일	☼	**휴일**	한국 - 설날			
하루 종일	☼	**휴일**	한국 - 설날			
00:00	USD	★★★	CB 소비자신뢰지수 (1월)	104.1	105.7	109.5
00:00	USD	★	리치몬드 제조업지수 (1월)	-4	-13	-10
00:00	USD	★	리치몬드 제조업 선적 (1월)	-9		-11
00:00	USD	★	리치몬드 서비스지수 (1월)	4		23
00:30	USD	★	달라스 연준 서비스 매출 (1월)	5.7		13.9
00:30	USD	★	텍사스 서비스분야 전망 (1월)	7.4		10.8
01:30	USD	★★	애틀랜타 연방준비은행의 GDPnow (4분기) P	3.2%	3.0%	3.0%
03:00	USD	★★	7년물 국채 입찰	4.457%		4.532%
03:00	USD	★	M2 통화공급량 (MoM) (12월)	21.53T		21.45T
06:30	USD	★★	미국석유협회 주간 원유 재고	2.860M	3.700M	1.000M
16:00	EUR	★★	GfK 독일 소비자동향 (2월)	-22.4	-20.5	-21.4
19:40	EUR	★★	독일 10년물 Bund 국채 입찰	2.540%		2.510%
21:00	USD	★	모기지은행협회 30년 모기지금리	7.02%		7.02%
21:00	USD	★	모기지은행협회 모기지신청건수 (WoW)	-2.0%		0.1%
21:00	USD	★	MBA 구매지수	162.4		163.0
21:00	USD	★	모기지 시장지수	220.0		224.6
21:00	USD	★	모기지 재융자지수	520.9		558.8
22:30	USD	★★	상품 무역수지 (12월) P	-122.11B	-105.60B	-103.50B
22:30	USD	★★	자동차 제외 소매 재고 (12월) P	0.2%		0.4%
22:30	USD	★	도매재고 (MoM) (12월) P	-0.5%	0.2%	-0.1%
23:15	GBP	★★	베일리 영란은행 총재의 연설 ◄))			

범례

◄)) 연설	📄 데이터 검색	★	낮은 변동성이 예상됨
P 예비 출시	📋 보고서	★★	보통 정도의 변동성이 예상됨
개정된 발표		★★★	높은 변동성이 예상됨

2 경제지표가 말해주는 것들

OVERSEAS FUTURES INVESTING

주요 경제지표들은 트레이더라면 반드시 알아야 하지만 저는 일정이 어느 때에 있는지만 체크합니다. 소비자물가지수가 예상치보다 높게 나왔다고 나스닥선물이 오를 것이라고 믿지는 않기 때문입니다. 이런 믿음을 가졌다가 돈을 잃어본 적도 있습니다. 보통 물가가 오르면 돈의 가치가 떨어져서 나스닥처럼 달러와 디커플링되는 자산들이 생기지만, 이 상관관계만 믿고 거래하다가는 큰 코 다칠 수 있습니다.

그럼에도 선물 트레이더로서 위 지표들을 다루고 해석하는 방법은 숙지해야 하기 때문에 여러분에게 설명하려 합니다.

여기서 한 가지 짚고 넘어가면, 인베스팅닷컴에서는 한국을 포함한 전 세계 주요국의 소비자물가지수, 금리 발표, 실업률, GDP 등을 발표하지만 저는 미국 발표 일정만 체크합니다. 하나 더 체크한다면 유로존 정도인데 이것도 사실 잘 안 봅니다. 미국이 전 세계 경제를 리드하기 때문에 미국 경제지표만 체크해도 충분하다고 생각합니다.

세계 경제에서 주목받는 다섯 가지 주요 경제지표와 그 발표 일정, 주식 및 선물시장의 변동성에 미치는 영향, 그리고 각 지표의 중요성에 대해 설명 하겠습니다.

1. FOMC 회의(연방공개시장위원회 회의)

- 발표 일정: FOMC는 연방준비제도(Fed)의 통화정책을 결정하는 기관으로, 연 8회(약 6주 간격) 회의를 개최합니다.
- 주요 내용: 금리 결정, 통화정책 방향, 경제 전망 등이 논의됩니다.
- 시장에 미치는 영향: 금리 인상 또는 인하 결정은 주식 및 선물시장에 큰 영향을 미칩니다. 특히 금리 인상은 주식 시장에 부정적인 영향을, 금리 인하는 긍정적인 영향을 줄 수 있습니다.
- 중요성: 통화정책은 경제 전반에 영향을 미치므로, FOMC 회의 결과는 투자자들의 투자 결정에 핵심적인 역할을 합니다.

2. 실업수당 청구 건수(Weekly Initial Jobless Claims)

- 발표 일정: 매주 목요일 미국 동부 시간 오전 8시 30분에 발표됩니다.
- 주요 내용: 실업수당을 처음 청구한 사람들의 수를 나타내며, 노동 시장의 건강 상태를 반영합니다.
- 시장에 미치는 영향: 실업수당 청구 건수가 예상보다 높으면 경제 둔화를 시사하여 시장에 부정적인 영향을 미칠 수 있습니다.
- 중요성: 노동 시장의 동향을 파악할 수 있는 지표로, 경제 전반의 건강 상태를 평가하는 데 중요합니다.

3. 비농업부문 고용지수(Non-Farm Payrolls, NFP)

- 발표 일정: 매월 첫 번째 금요일 미국 동부 시간 오전 8시 30분에 발표됩니다.
- 주요 내용: 농업 부문을 제외한 고용 증가 수치를 나타내며, 경제 성장의 주요 지표입니다.
- 시장에 미치는 영향: 예상보다 높은 고용 증가 수치는 경제 호조를 의미하여 시장에 긍정적인 영향을 미칩니다.
- 중요성: 경제 성장과 소비 지출의 주요 동력인 고용 상황을 평가하는 데 필수적인 지표입니다.

4. 소비자물가지수(Consumer Price Index, CPI)

- 발표 일정: 매월 중순, 전월의 CPI 수치가 발표됩니다.
- 주요 내용: 소비자들이 구매하는 상품과 서비스의 가격 변동을 측정하여 인플레이션 수준을 나타냅니다.
- 시장에 미치는 영향: CPI 상승은 인플레이션 우려를 불러일으키고, 이는 금리 인상으로 이어질 가능성이 높습니다.
- 중요성: 인플레이션은 통화정책 결정에 직접적인 영향을 미치므로 CPI는 경제 정책 방향을 예측하는 데 중요합니다.

5. 원유 재고 보고서(Crude Oil Inventories Report)

- 발표 일정: 매주 수요일 미국 동부 시간 오전 10시 30분에 발표됩니다.
- 주요 내용: 미국 내 원유 재고량의 변동을 나타내며, 에너지 시장의 수급 상황을 반영합니다.

- 시장에 미치는 영향: 재고량 증가 시 원유 가격 하락, 감소 시 상승을 유발하여 에너지 관련 주식 및 선물시장에 영향을 미칩니다.
- 중요성: 에너지 시장의 수급 상황을 파악하여 투자 전략을 수립하는 데 필수적인 지표입니다.

이러한 지표들은 경제의 다양한 측면을 반영하며, 각 지표의 발표 시점과 내용에 따라 주식 및 선물시장에 변동성이 발생합니다. 따라서 지표들의 발표 일정과 내용을 주의 깊게 살펴보아야 합니다.

그외 국내 총생산, 소매판매, 제조업 PMI, 주택착공률, 소비자신뢰지수 정도의 일정을 체크합니다.

그러나 체크만 할 뿐, 결과를 트레이딩하는 데 활용하지는 않습니다. 저는 해당 지표 발표 이후에 나오는 추세에 집중합니다.

'매매 비법'이 투자자를 망친다

매매 비법보다는 승률-진입자리, 손익, 베팅금액, 운영이 중요합니다.

매매 비법은 특정 진입과 청산 타점이나 어떤 기법을 담은 차트 세팅을 의미하는 게 아닙니다. 많은 사람들이 매매 비법만 알면 성공할 수 있다고 착각하는 데 결코 그렇지 않습니다. 매매법은 반드시 비중과 구간을 포함하고 있어야 합니다. 그런데 보통은 이 매매법에 대해서 청산은 어디서 하고 손절은 어디서 하고 익절은 어디서 한다는 식으로 설명을 합니다.

저는 잘못된 매매 기법에 대한 인식이 돈을 잃는 가장 빠른 길이라고 생각합니다.

어디에서 들어가냐보다 얼마의 '정해진 금액을 매수'할 것인지가 '백만 배'는 더 중요합니다. 기본적으로는 내 계좌에 있는 돈 대비 몇 퍼센트를 들어갈지 정해져 있어야만 합니다. 그래야 내 승률을 알 수가 있습니다.

만약 '정해진 금액'을 초과해서 매수한다면 이것은 전혀 다른 매매 시스템이 되므로, 다른 계좌에서 운영하는 게 바람직합니다. 방법론이 두 가지 이상일 경우 계좌를 나누는 것이 낫습니다. 1억 원 이상 베팅할 수 있는 자리, 100만 원밖에 들어갈 수 없는 자리가 모두 다릅니다. 이것은 진입 근거의 개수와 시간(긴 호흡인지 짧은 호흡인지)과 연관이 있습니다.

더 높은 승률의 자리 조합이고 홀딩 시간이 짧다면 기존보다 더 많은 금액을 베팅할 수도 있을 것입니다. 하지만 큰 경제지표 발표가 예정되어 있거나 각 종목의 만기일에 가깝거나 등의 이벤트를 앞두고 있을 경우 가격은 기술적 분석대로 움직이지 않습니다. 이외에도 전쟁과 같은 이슈도 종종 생기기 때문에 높은 확률의 자리에서 베팅했다 하더라도 최대 손실 감내액에서 손실을 잘라내야 합니다. 이걸 못해서 저도 시장에 돈을 많이 뱉어내야 했습니다.

해외 CFD 증권사에서 2,000랏, 국내 증권사에서는 대략 100계약을 들어갈 수 있는 가격(자리)과 해외CFD 증권사 2랏(대략 CME E-mini 나스닥 마이크로 1계약) 들어갈 수 있는 가격(자리)이 다른 것은 진입 자리의 조합과 관련이 있습니다. 거래가 많은 시간대의 자리는 매물대가 많고, 미결제 포지션이 많습니다. 각 장의 시작 전 1시간, 시작 후 2시간, 경제지표 발표 시점 직후의 시간이 여기에 해당합니다. 이때는 대량의 주문을 진입할 수 있는 환경이 조성됩니다.

아직 초보자라면 큰 지표 발표가 있거나 만기 때는 거래를 피해야 하고, 시장에서 수
익을 내고 있는 트레이더라면 큰 자금을 투자할 때는 위와 같은 이벤트에 베팅해야 합
니다.

저는 리스크가 제한된 상태로 거래에 임해야 한다는 개념을 시장에서 배웠습니다. 대
다수의 서적들과 문서들에서는 보통 진입자리에 대해서만 이야기합니다.

리스크가 제한된 상태에서 50% 이상의 승률이 붙어준다면 돈을 벌 수 있을 것입니다.
여기에 추가로 수익을 극대화시키는 방법까지 붙어준다면 1년 뒤, 3년 뒤 자산은 예측
할 수 없을 정도가 되겠지요.

그동안 저는 대다수의 기법서 혹은 한국을 포함한 국내외 강의들에서 이 부분에 대해
서 이야기하는 책과 강의를 만나지 못했습니다. 그래서 시장에서 배울 수밖에 없었고,
그 경험과 노하우를 여러분에게 나누고 있습니다.

수익 내는 차트 분석법

1 볼린저밴드를 활용한 매매법 2가지

OVERSEAS FUTURES INVESTING

잘 알려진 볼린저밴드를 활용한 매매법은 크게 2가지가 있습니다.

1) 상하단 반전 매매

(2024.09.13~19까지 1시간 나스닥 차트 / 호가 제공 : OANDA)

볼린저 밴드 상단에서 가격이 닿거나 마감을 하면 매수 혹은 매도로 진입하는 거래 방법입니다. 그림에서 빨간색 동그라미는 매도를 나타내고, 녹색 동그라미는 매수를 나타냅니다.

다만 볼린저밴드 상하단 매매를 했을 때는 볼린저밴드를 찢어버리면서 상승하는 가격 움직임에 당하게 됩니다.

(2024-08-15, 21시 나스닥 차트 / 호가 제공 : OANDA)

위 빨간색 동그라미에서 매도 시그널인 줄 알고 매도로 진입했으면 손절을 해야만 하는 상황이 오겠죠?

2) 볼린저밴드 스퀴즈 매매

빨간색 동그라미를 상승돌파의 신호로 보고 진입할 수도 있습니다. 손익비가 좋은 매매법으로, 볼린저밴드 스퀴즈 매매라고 합니다.

볼린저밴드 스퀴즈 매매는 기본 성질이 돌파매매와 같기 때문에 손절 규칙을 세워두지 않았거나 추세를 읽지 못했을 때는 되돌림으로 승률이 낮아집니다. 즉 손익비로 나머지 승률을 챙겨야 하는 매매입니다.

그래서 저는 이 볼린저밴드의 2가지 해석에 대한 문제를 볼린저밴드 2개를 결합한 저만의 '더블비' 차트 세팅으로 해결했습니다. 뒤에서 저의 트레이딩 팁을 자세히 알려드리겠습니다.

볼린저밴드는 이동평균선에 표준편차를 곱하여 더한 밴드입니다. 상단밴드는 곱해진 표준편차를 더한 밴드이고, 하단밴드는 곱해진 표준편차를 이동평균선에서 그 값만큼 빼서 그린 밴드입니다. 저는 기본 볼린저밴드를 가격의 평균과 구간(레인지)을 확인하는 용도로 씁니다. 기본 볼린저밴드는 높은 확률로 이 가격 범주 안에서 움직인다는 뜻이고, 이 가격을 벗어난다면 이전의 가격 구간과는 완전히 다른 가격대를 만든다는 의미를 가지고 있다고 해석합니다.

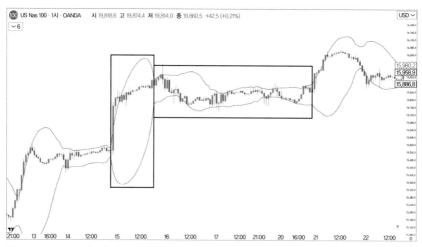

(2023-11-20, 22시 나스닥 차트 / 호가 제공 : OANDA)

118쪽의 이미지에서는 많은 경우 볼린저밴드 안에서 가격이 움직이고, 가격이 벗어나면서 볼린저밴드가 벌어지면 해당 방향으로 가격의 움직임이 확장되면서 추세가 생기는 것을 알 수 있습니다.

내가 진입한 종목의 가격레인지를 알 수 있다면 시장이 어떤 방향으로 얼마나 움직이든 우리는 '대응'할 수 있습니다. 결국 돈은 시장이 주는 것이기 때문에 우리는 트레이딩하는 종목의 가격 최대 범위를 알고 진입을 정교하게 하고 내 규칙 안에 있는 최대 손실이 볼린저밴드 어느 구간에서 발생할 수 있겠다를 미리 세팅할 수 있어야 합니다.

이를 통해 우리는 진입가격 평균을 미리 시나리오로 세울 수 있고, 목표가 설정에도 사용할 수 있습니다.

볼린저밴드를 활용한 매매는 이렇게 크게 2가지지만, 다른 기술적 분석 도구를 결합해서 사용할 수 있는 방법도 있습니다.

3) 볼린저밴드 상하단 매매 확장

볼린저밴드 상하단 매매에 지지와 저항 구간을 추가해서 트레이딩에 활용할 수 있습니다. 가격이 밴드 상단에 도달한 이후에 120쪽 이미지처럼 가로선-저항을 받는 경우 매도를 고려할 수 있습니다. 당연히 반대의 경우(가격 지지 구간)에도 사용할 수 있습니다.

볼린저밴드 상하단이 이전의 지지 저항-매물대 구간과 겹칠 경우 해당 방향으로 주가가 나아간다면 신뢰도는 더 높아집니다.

(2024-09-02, 23시 나스닥 차트 / 호가 제공 : OANDA)

희색이 바로 해당 구간입니다. 더 강력한 저항선으로 작동하고 있는 것을 확인할 수 있습니다.

4) 볼린저밴드 스퀴즈 매매 확장

볼린저밴드 중심선의 기본값은 20일 이동평균선으로, 스퀴즈 현상 이후 추세 지속형으로 활용할 수 있습니다. 20일 이동평균선은 지지와 저항 구간으로 작용하며, 가격(캔들)이 중심선 어디에 위치하는지에 따라 상승 추세와 하락 추세를 파악할 수 있습니다. 또한 이동평균선의 기울기를 통해 가격의 방향성도 파악이 가능합니다.

여기서 핵심은 반드시 이동평균선을 깨면서 새로운 방향으로 나아가야 한다는 데 있습니다. 추세가 나타난 이후의 이동평균선은 추세의 지속 여부를 확인하는 데 도움을 주기도 합니다.

(2024-06-25, 17시 나스닥 차트 / 호가 제공 : OANDA)

중심선에서 여러 차례 저항(검정색 박스) 이후에, 빨간색 동그라미에서 중심선 돌파가 나온 이후 상승 추세가 형성된 것을 볼 수 있습니다.

5) 더블비

지금까지 트레이딩에 볼린저밴드를 어떻게 활용하는지 알려드렸습니다. 저는 이 거래 도구를 변형해서 사용하는데, 이를 '더블비'라고 부릅니다.

더블비는 볼린저밴드를 두 개 쓴다고 해서 앞자리 이니셜인 B를 따서 제가 붙인 이름입니다. 1개의 변형된 볼린저밴드에 닿으면 원비(1B), 2개의 볼린저밴드가 모두 닿으면 더블비(2B)라고 부릅니다. 제가 볼린저밴드를 메인으로 쓰는 이유는 이렇습니다.

① 볼린저밴드를 메인으로 쓰는 이유

볼린저밴드는 변동성의 시작을 알리는 지표입니다. 가격이 볼린저밴드 상하단에 닿았다는 뜻은 주가가 통상적인 90%의 확률을 벗어나려고 한다는 것입니다. 물론 다시 안으로 회귀할 수도 있습니다.

저는 볼린저밴드 상하단에 닿은 순간부터 변동성의 시작이라고 여기고 거래를 즉시 임하거나 준비합니다. 즉, 가격이 더블비에 닿으면 새로운 추세를 보여주고(안으로 회귀하는 방향이든 벗어나는 방향이든), 이때부터 높은 손익비의 초입에서 매매를 할 수 있게 됩니다.

달리 말하면, 볼린저밴드에 닿지 않은 순간에는 어떤 포지션이건 신규 주문을 하는 게 의미가 없습니다. 벌더라도 다시 시장에 반납할 것이고, 잃고 있다면 계속 잃을 것입니다. 변동성이 없는 곳에서 트레이딩을 하기 때문입니다. 변동성이 없는 곳은 어느 방향으로 흘러가도 이상할 곳이 없는 자리입니다.

볼린저밴드는 변동성 그 자체입니다. 닿은 순간부터 우리는 진입이 아닌 어느 방향으로 매매할 것인지 의사결정을 준비하고 있어야 합니다. 닿기 전에는 아무것도 해서도 안 되고 할 필요도 없습니다. 트레이딩은 변동성으로 돈을 버는 것이기에 그렇습니다.

② 볼린저밴드는 2개를 사용해야 한다

저는 볼린저밴드를 2개 사용하고 다음과 같이 세팅합니다.

1개의 볼린저밴드는 20/2/종가 세팅입니다. 전 세계 수많은 투자자들이 볼린저밴드를 사용할 때 이 세팅을 씁니다. 볼린저에 닿았을 때 변동성이 시작된다는 것을 알리는 지표이기 때문입니다.

나머지 1개의 볼린저밴드는 4/4/시가 세팅으로 씁니다. 존 볼린저도 시가에 대한 중요성을 그의 책에서 말한 바 있습니다. 4/4의 의미는 1시간 캔들 차트에서 4시간의 평균에 표준편차 4를 더한 것입니다. 1개의 장이 8시간가량이라고 했을 때 장 전반과 장 후반의 평균에 90% 이상의 확률로 캔들이 안에 있어야 하는데 벗어나려고 하는 때를 잡아내는 보조지표 수치입니다.

③ 더블비 세팅 방법/용어

- 더블비 : 볼린저밴드 2개를 캔들이 찔렀을 때
- 원비 : 볼린저밴드 1개를 캔들이 찔렀을 때
- 찌른다 : 캔들이 해당 볼린저밴드에 닿았을 때

- 1번 볼린저 : 20/2/종가(Close) 세팅
- 2번 볼린저 : 4/4/시가(Open) 세팅

④ 기본/돌파/변곡 더블비

더블비는 3가지 유형이 있습니다. 추세를 유지하는 기본 더블비, 추세를 가속화시키는 돌파 더블비, 추세를 역전시키는 변곡 더블비입니다.

기본 더블비는 20이평선이 우상향일 때 더블비 하단을 찌르면 매수 진입

(2024-08-01, 18시 골드 차트 / 호가 제공 : OANDA)
녹색 동그라미 부분에서 매수를 진입하는 방법인 기본 더블비

을, 20이평선이 우하향일 때 더블비 상단을 찌르면 매도 진입을 노립니다.

　돌파 더블비는 더블비 상단을 캔들이 찌르고 마감하면 상단을 돌파할 때 진입을 노립니다. 아래 차트의 박스를 보면 더블비를 찢는 캔들을 돌파한 캔들로 인식하고, 해당 구간에 지지를 받거나 벗어났을 때 매수하는 방법입니

(2024.09.12 03시 나스닥 1시간 차트 / 호가 제공 : OANDA)

다. 하락 방향도 마찬가지입니다.

변곡 더블비는 더블비 하단을 찌르면 매수를 노리고 상단을 찌르고 마감하면 매도를 노립니다. 아래 차트의 박스를 보면 더블비 하단에서 하락이 멈추는 캔들이 등장하고 마감합니다. 저는 이를 방향 전환을 알리는 변곡 더블비로 인식하고 매수합니다.

모든 시장의 움직임은 이 3가지 유형에 들어올 수밖에 없습니다. 우리는 이제 추세가 지속되거나 가속화되거나 역전되는 빠른 속도의 시장에서 거래할 수 있게 된 것입니다. 별 의미 없는 구간에서 포지션을 잡아서 1시간이고 2시간이고 기다리는 것이 아니라 빠르게 익절할 수 있는 곳을 '식별하는 눈'을 가지게 된 것입니다.

2 전환의 신호, 캔들

1) 캔들의 개념

캔들은 시작하는 가격인 시가, 해당 시간의 캔들이 마감한 가격인 종가, 그 시간 프레임에서 가장 높은 가격인 고가, 그 시간 프레임에서 가장 낮은 가격인 저가, 이렇게 4가지로 구성되어 있습니다.

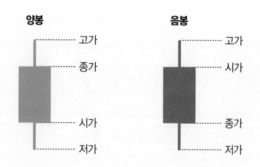

캔들을 구성하는 시가-종가-고가-저가를 주/일/4시간/2시간/1시간/5분/1분에서 확인하는 게 중요합니다. 제가 가장 중요하게 생각하는 캔들은 1시간봉입니다.

선물시장에서는 시간 단위의 의사결정이 많습니다. 1시간 이상의 움직임이 완성되는 캔들 마감을 보고 상승 혹은 하락에 진입합니다.

1분봉을 보고 투자하는 사람은 1분 단위의 시장참여자의 의사결정이 있다고 믿고, 5분봉을 보고 투자하는 사람은 5분 단위의 시장참여자의 의사결정이 있다고 믿는 것입니다.

1시간/2시간/4시간/일/주 모두 마찬가지로 해석할 수 있습니다. 자신이 많은 경험을 해보고 어떤 시간 프레임을 주요 의사결정 기준으로 둘지 결정하면 됩니다.

어느 하나 중요하지 않은 요소가 없지만 저는 시가와 고가, 저가순으로 중요하게 생각합니다. 종가는 더 큰 시간 프레임인 일봉차트와 주봉차트에서만 주의 깊게 살펴봅니다.

이제 우리는 캔들을 보고 기본 더블비인지 돌파 더블비인지 변곡 더블비인지 식별할 수 있습니다. 더블비를 제외한 6가지 도구들로 이것이 추세지속형의 더블비인지 가속형의 돌파 혹은 변곡인지도 알 수 있죠.

저는 기본 더블비를 1시간봉에서 씁니다. 가운데 이평선은 20시간의 평균입니다. 20시간의 평균이 우상향하고 있는데, 캔들가격이 볼린저 하단을 찌르거나 마감한다면 이것을 기본 더블비로 봅니다. 이때 형성된 캔들은 망치형 혹은 꼬리 없는 캔들 2가지의 종류로만 구분합니다.

2) 장대양봉과 장대음봉

트레이딩에서 꼬리 없이 몸통만 강하게 나타난 캔들을 장대양봉 또는 장대음봉이라고 합니다.

장대양봉은 꼬리 없이 긴 몸통만 있는 강한 상승 캔들로, 매수세가 매우 강했음을 의미합니다. 이 캔들은 보통 강한 상승 추세나 돌파를 나타내며, 이후의 움직임에서도 추가 상승이 이어질 가능성이 있습니다.

장대음봉은 꼬리 없이 긴 몸통만 있는 강한 하락 캔들로, 매도세가 매우 강했음을 의미합니다. 보통 강한 하락 추세나 급락을 나타내며, 이후의 움직임에서도 추가 하락이 이어질 가능성이 있습니다.

이러한 장대 캔들은 시장에서 강력한 추세가 형성되었음을 나타내는 중요한 신호로 해석할 수 있습니다.

그림은 꼬리 없이 강한 장대양봉 캔들이 등장한 이후에 추세가 역전되며 상승이 이어지는 모습입니다.

(2023-12-14, 4시 골드 차트 / 호가 제공 : OANDA)

3) 망치형과 역망치형

제가 보는 또다른 추세 전환 캔들은 망치형과 역망치형입니다.

망치형은 장대양봉, 장대음봉보다 몸통이 작고, 아래 꼬리가 긴 캔들입니다. 아래 꼬리가 몸통의 최소 2배 이상 길어야 하며 윗꼬리는 거의 없거나 매우 짧습니다.

역망치형은 몸통이 작고, 윗꼬리가 긴 캔들입니다. 윗꼬리가 몸통의 최소 2배 이상 길어야 하며 아래 꼬리는 거의 없거나 매우 짧습니다.

두 패턴 모두 하락세에서 발생할 때 반전 신호로 강하게 작용합니다.

(2024-12-27, 2시 골드 차트 / 호가 제공 : OANDA)

위의 그림은 망치형 캔들 이후에 추세가 역전되는 모습입니다.

(2024-12-19, 19시 골드 차트 / 호가 제공 : OANDA)

위의 그림은 역망치형 캔들 이후에 추세가 역전되는 모습입니다.

4) 그 외 주요 10가지 패턴

상승전환

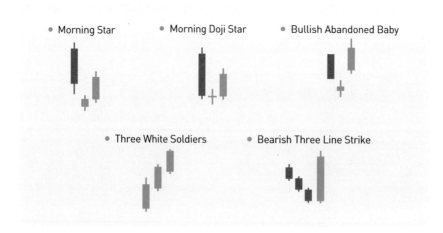

하락전환

저는 상승, 하락 전환 캔들 패턴 단 2가지로만 구분해서 보고, 캔들 패턴은 이 10가지로만 확인합니다.

지금까지 저는 많은 차트 패턴과 캔들 패턴에 대해 설명한 책과 강의들을 봐왔지만 경험해 본 결과 이 캔들 패턴 10가지만 기억하면 됩니다. 다만 이것은 제 경험에 의한 것이니 독자 여러분이 시장에서 적용할 때 반드시 다시 확인해보고 실전에 활용하길 바랍니다.

추가적인 팁을 드리자면, 상승 전환에 있는 캔들 패턴이 연속으로 2개가 나오면 더블바텀-쌍바닥 차트 패턴이고, 하락 전환 캔들이 연속으로 2개 나오면 더블탑-쌍봉 차트 패턴이 됩니다.

3 해외선물시장에서의 이평선 활용법

1) 이동평균선 개념

단순 이동평균선(SMA)이란

1분봉/5분봉/60분봉/120분봉/240분봉/일봉/주봉에서 20이동평균선의 종가 세팅은 1분~주봉의 20개 종가를 합쳐서 그전의 20이동평균선의 가격을 선으로 이은 것입니다. 즉, 20분/100분/20시간/40시간/80시간/20일/20주의 평균 가격입니다.

지수이동평균, 가중치이동평균, 거래량가중치이동평균 등 다양한 이동평균이 있습니다. 캔들이 바뀔 때마다 자동으로 계산됩니다. 종가의 평균을 만들 수 있는 것처럼 시가/고가/저가의 평균으로 설정할 수 있습니다.

이동평균선은 주로 추세 매매를 하는 투자자들이 사용합니다.

2) 정배열과 역배열

① 추세 매매에서의 이동평균선 주요 활용법

이동평균선을 지지 혹은 저항으로써 활용하는 사람들이 많습니다. 하지만 1개의 이동평균선은 지지와 저항으로 활용하기에 매우 부적합하다는 점을 미리 알리고 싶습니다. 지지를 받거나 저항을 받는 것을 확인했다 하더라도 지속적으로 신뢰할 만한 지표는 아닙니다.

이동평균선은 추세 매매자들의 친구입니다. 추세를 보는 데 이동평균선보다 좋고 정확한 지표는 없습니다.

이동평균선이 우상향이면 추세는 매수, 이동평균선이 우하향이면 추세는 매도입니다.

여기서 정배열과 역배열의 개념을 알아보고 넘어가겠습니다.

② 정배열이란?

낮은 기간의 이동평균선부터 높은 기간의 이동평균선까지 순서대로 우상향하고 있는 것을 말합니다.

정배열 이미지(녹색-20선, 주황색-120선, 파란색-240선)

(2023-04-05, 00시 골드 차트 / 호가 제공 : OANDA)

③ 역배열이란?

높은 기간의 이동평균선부터 낮은 기간의 이동평균선까지 순서내로 우하향인 것을 말합니다.

역배열 이미지(녹색20선-주황색120선-파란색240선)

(2023-08-22, 00시 골드 차트 / 호가 제공 : OANDA)

④ 정배열, 역배열 매매 방법

이동평균선은 기본적으로 '지지받는다' 라고 생각할 수 있습니다.

정배열에서는 매수 진입을 우선적으로 생각합니다.

역배열에서는 매도 진입을 우선적으로 생각합니다.

(2023-08-23, 22시 골드 차트 / 호가 제공 : OANDA)

가운데 회색 선을 기준으로 왼쪽이 역배열인 상태이고 오른쪽이 정배열인 상태입니다.

우상향 이동평균선에서 캔들이 이동평균선을 하향 돌파하면 추세 반전을 염두에 둬야 합니다.

우상향 이동평균선에서 캔들이 이동평균선 위에서 마감하면 지지받는다고 생각할 수 있습니다.

3) 골든크로스와 데드크로스

골든크로스는 단기 이동평균선이 장기 이동평균선을 아래에서 위로 교차할 때 발생합니다. 단기 추세가 장기 추세를 상향 돌파했다는 것은 강력한 매수 신호로 볼 수 있습니다. 예를 들어, 단기 추세인 20일 이동평균선이 장기 추세인 120일 이동평균선을 돌파하면 상승 추세가 시작될 가능성이 높다는 신호인 거죠.

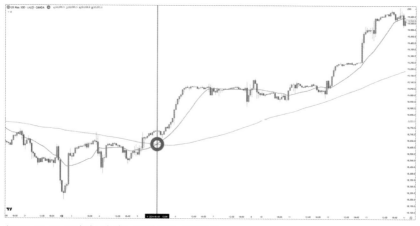

(2024-06-05, 15시 나스닥 차트 / 호가 제공 : OANDA)

녹색 20선이 주황색 120선을 상향 돌파하는 경우, 골든크로스 상황으로 상승 추세 초입이 될 수 있다고 보는 것입니다.

데드크로스는 단기 이동평균선이 장기 이동평균선을 위에서 아래로 교차할 때 발생하고, 이를 매도 추세의 시작으로 볼 수 있습니다. 예를 들어, 단기 추세인 20일 이동평균선이 장기 추세인 120일 이동평균선을 하향 돌파하면 현재 가격이 하락 추세의 초입에 위치해 있다고 '식별'할 수 있는 것입니다.

(2024-07-12, 12시 나스닥 차트 / 호가 제공 : OANDA)

위의 그림에서 녹색 20선이 주황색 120선을 하향 돌파한 이후에 하락 추
세가 이어지는 것을 볼 수 있죠? 이후에 가격이 장기 추세인 120선을 두 차례
상향 돌파했지만 다시 원래의 추세로 돌아오는 것을 볼 수 있습니다.

여기서 트레이딩 팁을 드리자면, 골든크로스, 데드크로스가 발생한다고
해도 다시 가격이 이동평균선을 끌고 가면서 크로스 자체를 무효화시키는
경우도 부지기수이기 때문에 이동평균선만을 의지해서 매매하는 것에는 한
계점이 명확히 존재합니다.

4) 이평선 지지, 저항 매매

볼린저밴드 챕터에서 이동평균선은 지지 구간, 저항 구간으로 작동할 수 있다는 걸 배웠는데, 이에 대해 더 자세히 살펴보겠습니다.

이동평균선이 정배열로 형성되면 현재 가격이 상승 추세에 있다는 것을 의미합니다. 상승 추세에서 가격이 이동평균선 근처에서 지지를 받으면 매수 기회를 포착할 수 있어요. 반대로, 역배열 하락 추세에서 이동평균선이 저항선으로 작동하면 매도 진입 기회를 잡을 수 있습니다.

이평선 지지, 저항 매매는 가격이 이동평균선에 도달할 때마다 해당 선에서 하락 혹은 상승이 멈추거나 반등이 일어나는지 확인해서 지지선에서 매수하고, 저항선에서 매도하는 방식의 매매입니다.

(2024-08-13, 20시 나스닥 차트 / 호가 제공 : OANDA)

138쪽의 차트는 정배열 상승 추세의 이평선에서 지지를 받으며 상승하는 모습입니다.

(2024-04-17, 17시 나스닥 차트 / 호가 제공 : OANDA)

반면 위의 그림은 역배열 하락 추세의 가격이 이동평균선의 저항을 받으며 하락하는 모습입니다.

5) 이동평균선 보는 팁

① 역발상 이동평균선 - 이동평균선이 '깨진다'고 생각하라

이동평균선은 유지된다고 생각하는 것이 일반적입니다. 하지만 선물 거래에서는 다수 우위의 포지션을 깨버리는 특성이 있기 때문에 이동평균선이 깨진다고 생각하는 것이 옳습니다.

또한 주식시장에서 많은 사람이 매수해야 가격이 오른다고 생각하면서도 모두가 매수에 나설 때가 팔 때인 것처럼 선물도 그렇습니다. 다만 선물은 좀 더 빠르게 나타납니다.

절대적으로 많은 사람이 매수포지션을 잡고 있을 때라면 한동안은 유지될 수 있지만 반드시 반대로 갑니다. 이것은 시장의 특성이고 선물시장의 알고리즘 작동 원리이며, 현물가격과 맞추려는 베이시스의 특성일 수도 있고, 제로섬 시장의 원리일 수도 있습니다.

단 한 가지만으로 이것을 설명할 수는 없습니다. 이유를 가져다 붙이자면 수백 가지는 붙일 수 있습니다. 그러나 이것은 경험적으로 터득한 선물시장의 원리입니다.

② 다양한 설정값의 이동평균선에서 반등이나 돌파를 생각하라

평균의 가격은 반드시 깨지며 또 반드시 평균으로 회귀합니다. 평균값이 우상향할 수도 있고 우하향할 수도 있습니다. 선물가격이 이동평균선을 끌고 내려갈 수도, 올라갈 수도 있습니다. 하지만 결국엔 이동평균선에 붙습니다. 그 정도와 구간을 우리는 예측할 수 없습니다. 그래서 염두에 둔다고 표현합니다.

③ 전 세계 투자자들이 가장 많이 사용하는 도구가 이동평균선이다

시장참여자들이 가장 많이 사용하는 도구를 통해서 우리는 시장이 어떤 방향으로 흘러가고 있는지를 '식별'할 수 있습니다.

강한 캔들이 출연하면 매수 우위이듯이, 가파른 이동평균선 역시 확실한 매수 우위입니다. 명확함을 나타내주는 캔들과 이동평균선의 상태야말로 선물시장에서 우리가 얻을 수 있는 유일무이한 거짓없는 정보임을 기억해야 합니다.

이동평균선은 보통 시장참여자들의 N일 / N시간 / N분 등의 평균으로 사용합니다. 가중치 이동평균선 세팅으로 최근 시장참여자들의 평균을 더 가중해서 보기도 합니다. 그래서 이동평균선은 지지 혹은 저항으로써 작동한다고 시장참여자들이 믿는 편입니다.

이동평균선은 실제로 포지션을 가지고 있는 사람들의 평균이기에 이동평균선 근처에서 지지 혹은 저항 등의 액션이 일어나는 경우가 많습니다. 내가 산 가격의 평균에 도달하면 매도하는 게 일반적인 투자심리이기 때문에 그렇습니다.

하지만 선물시장에서는 이 이동평균선의 일반적인 상식, 즉 '해당 이평선에서 지지 혹은 저항을 받을 것이다'만을 믿고 포지션을 잡았다가는 손실을 보는 경우가 상당히 많습니다. 이런 경우는 따로 예시를 들 필요가 없을 정도로 무수히 많습니다. 그래서 저는 이 고민을 2가지의 기준으로 해결했습니다. 첫 번째는, 장단기 이평선입니다. 저는 1시간봉으로 주로 거래하는 트레이더이기에 이를 예시로 들겠지만 다른 시간봉(일봉, 시간봉, 분봉)에서도 일정 부분 적용이 가능합니다. 여기서 기준으로 사용할 이동평균선은 20선과 120선입니다. 1시간봉에서 20선은 20시간의 평균을, 120선은 120시간의 평균을 나타냅니다.

먼저 대전제 하나를 이야기하고 본론으로 넘어가겠습니다.

'이평선 하나는 가냘프게 깨진다.'

1시간봉에서 20선이 우상향하고 있다면 그날의 추세는 매수 우위입니다.

반면 1시간봉에서 20선이 우상향하다가 기울기가 완만해지고 있다면 추세는 매수도 매도도 아닙니다. 1시간봉에서 20선이 우상향하는 와중에 캔들이 20선을 아래로 깼다면 추세는 매도입니다. 그날의 평균값 이하에 있기 때문입니다. 20선도 깼으면서 20개의 캔들(매물대)을 하방 이탈한다면 완전히 매도 추세로 바뀌었다고 볼 수 있습니다.

위의 전략만으로는 부족하기에 일주일 평균을 추가해 보겠습니다. 바로 120선입니다. 120선이 우상향하는 경우 언제든 매수 방향으로 바뀔 수 있다고 생각합니다. 만약 120선이 횡보한다면 언제든 선물가격이 120선에 붙을 수 있다고 생각합니다. 혹 120선이 우하향하고 있다면 반등하더라도 다시 하락할 수 있다고 생각합니다.

④ 기울기에 따른 신뢰도 높이는 법

이동평균선의 기울기가 가파를수록 신뢰도가 높습니다. 기울기가 완만할수록 추세 반전을 전망할 수 있습니다. 기울기가 갑자기 꺾이거나 캔들의 이평선 돌파가 나오면 추세 반전을 예상해볼 수 있습니다. 단, 거짓 이평 기울기가 존재할 수 있으니 다른 근거와 함께 사용해야 합니다.

4 지지와 저항을 보면 진입시점이 보인다

OVERSEAS FUTURES INVESTING

1) 지지 저항 – 매물대

이번에는 매물대에서 일어나는 지지 저항에 대해 알아보겠습니다.

지지와 저항 지점

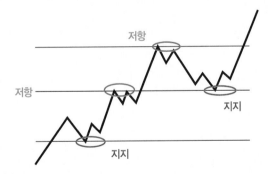

동일한 가격대에서 2번 이상의 되돌림이 일어나는 경우를 지지 저항이라고 합니다. 저항 구간을 상방 돌파한 이후에는 저항 구간이 지지 구간으로 바뀌고, 지지 구간을 하방 돌파한 이후에는 지지 구간이 저항 구간으로 바뀝니다. 지지 저항은 가로선, 추세선을 긋거나 지지 저항-매물대 구간에 박스를 치면 잘 식별할 수 있습니다.

볼린저밴드에 닿았을 때 변동성이 급격해지는 것과 마찬가지로 이 지지 저항-매물대 구간에 오면 시장참여자의 구체적 행동이 발생되므로 속도가 빨라집니다. 이 구간에 들어서면 되돌림 혹은 돌파가 발생됩니다. 횡보는 이 구간에서는 일어나지 않습니다.

지지 저항 예시

2024.07.19~09.20 나스닥 1시간 차트 / 호가 제공 : OANDA

위의 차트 하단 검은색 가로줄의 왼쪽부터 살펴보겠습니다. 3번의 가로선 돌파가 있었지만 네 번째 박스 지점에서야 비로소 지지했습니다. 그 전까지의 과정을 살펴보면 3번째 돌파 실패가 있었는데, 절반 정도 되돌리면서도 저가는 올라가고 있음을 확인할 수 있습니다. 이 되돌린 구간에서도 4~8시간 (1개의 장 전반 후반)을 횡보하지만 저가를 올리면서 상승 추세가 유지되고 있습니다. 만약 앞의 저가를 깬다면 하락추세를 유지할 수 있음을 의미합니다.

이런 구간에서는 특히 심리를 파악해야 합니다. 전 세계 선물시장 참여자가 모두 보는 특정가격 구간의 지지선이 뚫린다면 강력한 하락 추세가 되는 것이고, 지켜준다면 추세 전환을 의미하는 것입니다. 그리고 이런 지지선과 저항선이 깨지는 각각의 시간대가 장 전반에 일어났는지, 후반에 일어났는지, 장이 바뀌기 직전에 일어났는지에 따라서 신뢰도를 높일 수 있습니다.

지지 저항 구간에서는 되돌림과 돌파를 항상 생각해야 합니다. 해당 캔들이 마감하는 것까지 모두 확인하고 반등인지 돌파인지를 판단해야 합니다. 마지막으로, 잘못되었을 때를 대비해서 항상 대응을 생각해둬야 합니다.

실제 매매에 임한다면 해당 구간에서 매수나 매도를 잡는 게 굉장히 어렵다는 것을 깨달을 것입니다. 1% 비중으로 해당 구간에 오면 의사결정해서 진입해 보는 행동훈련을 계속할 것을 권장합니다.

2) 매물대 - 볼린저밴드 횡보 구간 박스로 활용하기

볼린저밴드는 횡보하는 구간에 박스를 쳐 주요 매물대로 인식하고 매매에 활용할 수 있습니다. 이 박스를 벗어날 때부터 거래에 임하면 추세 초기에 진입할 수 있습니다. 더블비, 원비, 이평, 매물대가 겹치는 구간이 강력한 되돌림 구간이 됩니다(4개 근거 이상에 베팅하기).

볼린저밴드 박스 구간

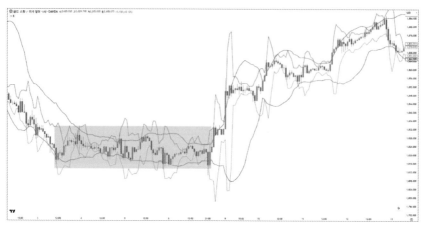

(2023-10-06, 22시 골드 차트 / 호가 제공 : OANDA)

지지 저항, 매물대, 더블비, 120이평선이 겹치는 자리

2024.05.21 22시 나스닥차트 / 호가 제공 : OANDA

위 그림들은 지지 저항-매물대가 반복되는 자리이면서 더블비 자리이고, 1시간봉-120이평선이 지나는 자리입니다.

3) 지지 저항-실전

5분봉 차트에서의 같은 자리 모습

2024-06-12 22시 나스닥 5분봉 차트 / 호가 제공 : OANDA

5분봉 차트에서의 3번째 때 매물대 돌파 후 매물대 상단에 눌린 모습입니다.

1시간봉 차트에서의 같은 자리 모습

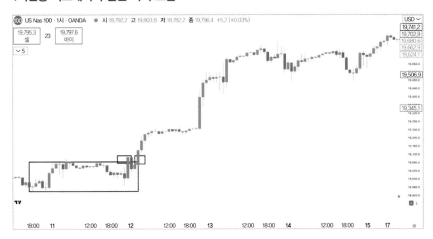

2시간봉에서의 같은 자리 모습

4시간봉 차트에서의 같은 자리 모습

일봉차트상의 같은 자리 모습

이후 꼬리 부근 저가를 깨지 않고 상방으로 박스를 돌파해 시세를 주는 모습입니다. 다양한 시간 프레임에서 변곡캔들(망치형), 더블비, 윈비, 더블바텀이 포착되는 것도 확인하면 좋습니다. 이렇게 지지 저항이 겹치는 구간이 신뢰도가 높아집니다.

해외선물 거래 최적화를 위한
334 체크리스트

지금 소개할 전략은 매일 거래에 참여하면서 이익 혹은 손실을 확정짓는 방법에 대한 것입니다. 3번의 장, 3번의 거래를 위한 4개의 체크리스트입니다.

해외선물은 아시아장, 유로장, 미장으로 구성되어 있습니다. 하루 3번 열리는 장에서 1회 이상의 거래를 해 매일 3번의 거래를 채우는 전략입니다.

이것은 훈련으로 매일 시장에서 3번 이상 참여해 통계를 내야 합니다. 내가 어느 장에서 수익을 잘 내는지, 어느 장에서 10% 이상 증거금을 날려 먹는지를 말입니다. 이것은 스스로의 통계를 쌓기 위해 매우 중요한 작업이기에 선물거래를 하기로 마음먹었으면 한 달, 1년 내내 멈추지 않고 통계를 내야 합니다.

그때 필요한 3개의 체크리스트를 소개하겠습니다.
1) 지금 현재 장 혹은 그 전 장의 고가를 갱신했는가 - 추세
2) 지금 현재 장 혹은 그 전 장의 지가를 갱신헸는가 - 추세
3) 이 갱신에 붙어 있는 유의미한 매물대 혹은 매물대로 작동할 7개 도구가 있는가
4) 오늘의 시가 / 이 장의 시가가 지지인가 저항인가

1, 2번 질문은 추세에 관한 질문이고, 3,4번은 매물대에 관한 질문입니다. 이 매물대를 반드시 파악하여 내가 강력한 저항 구간에서 매수 포지션 혹은 매도 포지션을 잡는 일이 없도록 해야 합니다.

5 이격도를 보면 추세가 보인다

OVERSEAS FUTURES INVESTING

1) 이격도의 개념

이격도는 가격과 이동평균선 간 얼마나 떨어져 있는지, 괴리율을 나타내는 도구입니다. 통상적으로 주식에서는 이격도가 100 이상이면 주가가 이동평균선보다 위에 있음을, 100 이하이면 주가가 이동평균선 아래 있음을 나타냅니다. 일봉을 기준으로 상승 추세에서는 106% 이상이면 매도하고 98% 이하이면 매수하며, 하락 추세에서는 102% 이상이면 매도하고 92% 이하이면 매수하곤 합니다.

1시간 단위의 의사결정이 있다고 믿기 때문에 시간봉 캔들차트로 거래하는 우리는 어떤 수치를 봐야 할까요?

이격도의 전통적인 기본 세팅인 14세팅을 합니다.

트레이딩뷰 인디케이터 이격도 검색

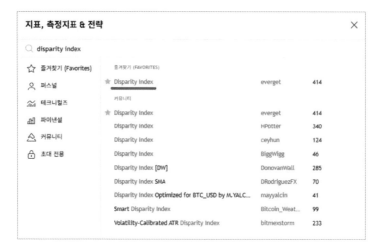

트레이딩뷰 이격도 지표 세팅

위의 그림과 같이 트레이딩뷰에서 14이동평균선과 괴리율을 하단지표로 보여주는 세팅을 하면 됩니다. 14인 이유는 이격도를 활용하는 많은 투자자가 설정하는 값이기 때문입니다. 보조지표의 도움을 절대적으로 믿기 때문이 아니라 시장참여자가 많이 쓰는 설정값을 사용함으로써 시장참여자의 심리를 해석해야 하기 때문입니다.

2) 이격도 볼린저다이버전스

볼린저다이버전스는 볼린저밴드와 이격도, 차트 패턴을 활용한 매매 방법입니다.

볼린저밴드 1개로 매매했을 경우에는 당하는 구간이 많습니다. 지지받는 것처럼 보였는데 하락 돌파가 나온다든지, 상승을 이어갈 것처럼 고점 갱신을 했는데 하락 추세로 반전된다든지 말입니다. 즉 볼린저밴드를 활용하면 간단하지만 이 지표만 쓰기에는 굉장히 많은 손실과 위험이 따라올 수 있습니다.

그래서 제가 활용하는 방법이 이격도 볼린저다이버전스입니다. 볼린저다이버전스는 더블비와 캔들 패턴, 이격도를 활용해서 2개 이상의 조건에 부합했을 때 강력한 추세 반전 초입을 확인할 수 있는 방법입니다.

앞서 살펴봤듯이 볼린저밴드의 기존 매매법은 상하단 매매입니다. 캔들이 볼린저밴드 상단에 닿은 빨간색 동그라미 부분에서는 매도 포지션을 잡고, 캔들이 볼린저밴드 하단에 닿은 녹색 동그라미 부분에서는 매수포지션을 잡는 것입니다. 하지만 155쪽의 차트 두 번째 녹색 동그라미 부근에서 매도했다면 큰 손실을 입었을 것입니다.

그렇게 기존 볼린저밴드에서 두 번째 매매 방법을 만들었습니다. 볼린저밴드 돌파 매매법입니다. 볼린저밴드 상단을 캔들이 돌파했을 경우에 해당 부근에서 진입하는 것입니다.

다시 155쪽의 차트를 보시죠. 왼쪽 박스에서 볼린저밴드 매도 방향 돌파로 보고, 돌파하자마자 매도포지션을 잡았다면 어떨까요? 약간의 수익을 얻었을지 모르나 이익을 보존하지 못했을 경우에는 손절을 해야만 하는 포지

볼린저밴드 타점 예시

2024-06-08 21시 나스닥 1시간 차트 / 호가 제공 : OANDA

선입니다.

반면 오른쪽 박스에서 볼린저밴드 매수 방향 돌파로 보고, 돌파하자마자 매수포지션을 잡았다면 수익을 크게 봤을 것입니다. 이것이 기존 볼린저밴드의 매매 방법입니다.

볼린저다이버전스는 기존 볼린저밴드의 약점을 보완한 것입니다. 상승 방향인지 하락 방향인지를 이격도와 RSI를 통해서 확인할 수 있습니다.

명칭이 볼린저다이버전스인 이유는 캔들이 볼린저 하단에 위치해 있으면서 강세 다이버전스가 출연했을 때 신뢰도가 높아지고, 캔들이 볼린저 상단에 위치해 있으면서 약세 다이버전스가 출연하면 신뢰도가 높아지는 도구이기 때문입니다.

들어가기에 앞서 다이버전스 개념에 대해 확인하겠습니다.

일반적으로 다이버전스는 추세가 반전되는 것을 뜻하지만, 히든 다이버

볼린저밴드 돌파매매법

2024.06.04 02시 나스닥 1시간 차트 / 호가 제공 : OANDA

전스는 추세가 지속되는 것을 뜻합니다. 즉, 다이버전스는 캔들 가격과 하단 보조지표의 강세, 약세에 따라서 판단할 수 있는 개념입니다. 그림을 보면 이해가 쉬울 것입니다.

일반 약세 다이버전스는 주가가 고점을 갱신하는 가운데 이평선과 캔들 간의 간극이 넓어지고 있다는 뜻입니다. 캔들 가격이 이평선과 멀어지고 있음을 의미하며 주가 하락 반전에 대비해야 하는 시기입니다.

일반 강세 다이버전스는 주가가 저점을 갱신하는 가운데 이격도와 캔들 간의 간극이 좁아지고 있다는 뜻입니다. 캔들 가격이 이평선과 가까워지고 있음을 의미하며 주가 상승 반전에 대비해야 하는 시기입니다.

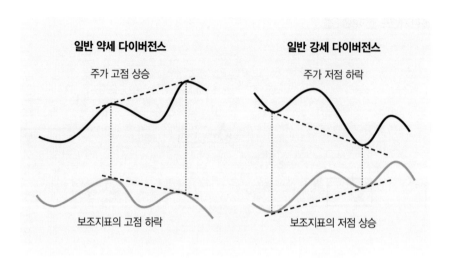

일반 약세 다이버전스

주가 고점 상승

보조지표의 고점 하락

일반 강세 다이버전스

주가 저점 하락

보조지표의 저점 상승

히든 다이버전스

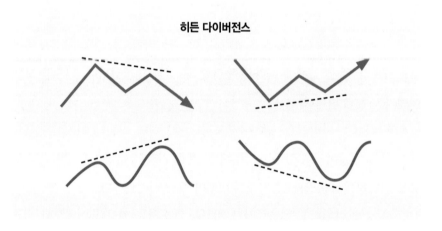

이격도를 통한 실전 다이버전스 개념을 설명하겠습니다.

2024.07.01 23시 나스닥 1시간 차트 / 호가 제공 : OANDA

    원래 볼린저밴드 매매법에 의하면 하락 돌파로 인식하고 매도를 잡아야 하는 자리입니다. 하지만 저는 이것을 이격도 다이버전스를 통해서 상승으로 인식하여 매수 포지션을 잡습니다.

    위의 차트는 히든 강세 다이버전스 예시입니다. 주가가 오르면서 이격 괴리율이 커지는 것을 볼 수 있습니다. 이를 달리 표현하면, 급락 구간이 출현한 것입니다.

    이렇게 전체적인 방향을 인식한 이후에 더블비와 캔들, 이평선, 추세선 등 배운 도구를 활용하면 매수하여 수익을 볼 수 있습니다.

2024.08.13 19시 나스닥 1시간 차트 / 호가 제공 : OANDA

3) 이격도 절댓값 기준 정하기

　여기에 이격도에 대한 절댓값 기준을 대입할 수 있습니다. 이격도가 -1 구간에 있으면서 더블바텀, 역헤드앤숄더 시에는 상승 추세 전환으로 인식할 수 있습니다. 이격도가 +1 구간에 있으면서 더블탑, 헤드앤숄더 시에는 하락 추세 전환으로 인식할 수 있습니다. 참고로 이격도 구간은 왼쪽 수치를 통해 확인합니다. 0값, +1값, -1값 등 각 값에서 변곡이 일어나는지를 확인합니다.

　이 내용은 제 유튜브 볼린저다이버전스 영상에 소개하기도 했습니다. 이 영상에 소개한 매매 방법만으로도 수억 원을 번 구독자가 많을 정도로 검증된 방법입니다. 방향을 읽기에도 좋은 방법이니 반복하여 행동훈련을 하면서 내 것으로 만들도록 하세요.

6 방향성을 알고 싶다면 주봉을 봐야 한다

OVERSEAS FUTURES INVESTING

일봉의 추세는 결국 주봉캔들의 종가 마감으로 결론이 납니다. 그렇기 때문에 주봉을 항상 확인해야 합니다.

주봉에서 연속적으로 도지형 캔들이 나오는 특정 매물대 구간이 아니라면, 주봉은 어느 한 방향으로 마감합니다. 그래서 한 주간의 방향성을 주봉상 시가, 고가, 저가를 통해 전망하기 좋습니다. 일봉상 한 번도 떨어지지 않은 상태에서 주봉상 양봉이라면 매수 우위로 판단하듯이 말이죠. 물론 일봉상의 시가, 고가, 저가, 각 장의 시가, 고가, 저가 역시 의미 있는 매물대이면서 방향을 알려줍니다.

이것은 기법이 아닙니다. 방향을 생각하면서 현재 종목을 시장이 어떻게 인지하고 있으며, 나에게 손실을 준다면 주봉상 어디까지 눌릴 것이며, 이익을 바로 준다면 어디까지 가격이 움직여줄 것인지를 염두에 두고 매매하는 방법입니다.

도지 캔들

시가와 종가가 거의 동일한 캔들 패턴으로, 매수세와 매도세가 균형을 이루는 상태를 나타냅니다.

- **기본 도지 캔들의 형태:** 십자 모양의 캔들로, 상단과 하단에 꼬리(윗꼬리와 아래 꼬리)가 길게 나타나며, 몸통은 거의 없습니다.
- **의미:** 도지 캔들은 시장의 불확실성과 균형을 나타내며, 추세 전환의 신호로 해석될 수 있습니다.
- **비석형 도지 캔들:** 윗꼬리는 길고 아래 꼬리는 짧거나 없는 형태로, 매도세가 강함을 나타냅니다.
- **잠자리형 도지 캔들:** 아래 꼬리는 길고 윗꼬리는 짧거나 없는 형태로, 매수세가 강함을 나타냅니다.

자주 나오는 차트 패턴

OVERSEAS FUTURES INVESTING

1) 헤드앤숄더

여기서 지지 저항-매물대와 관련이 있는 차트 패턴 2가지를 확인하고 넘어가겠습니다.

고점에서 생기는 헤드앤숄더는 추가적인 고점 갱신-상승을 이어나가지 못하고 그 결과 하락 추세로 전환되는 차트 패턴입니다.

헤드앤숄더

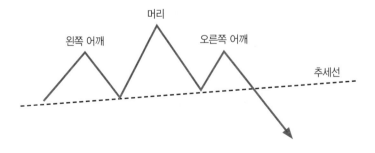

잘못된 헤드앤숄더

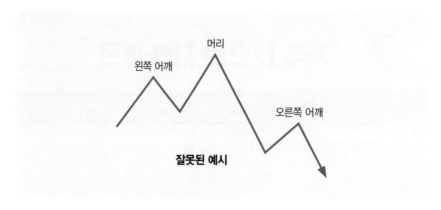

실제 차트에서 확인해 보겠습니다.

헤드앤숄더 예시

2024.06.07 16시 골드 1시간 차트 / 호가 제공 : OANDA

헤드앤숄더 차트 패턴이 출현하자 상당히 하락한 것을 확인할 수 있습니다. 이러한 차트 패턴의 배경에는 고점 갱신을 하지 못한 선물상품의 약세를 많은 시장참여자가 인식하고 매도 우위로 바뀌어버리는 데 있습니다.

2) 역헤드앤숄더

역헤드앤숄더

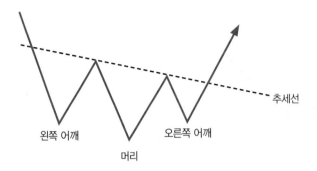

왼쪽 어깨　　머리　　오른쪽 어깨　　추세선

잘못된 역헤드앤숄더

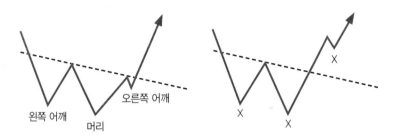

왼쪽 어깨　　머리　　오른쪽 어깨　　X　　X　　X

역헤드앤숄더 예시

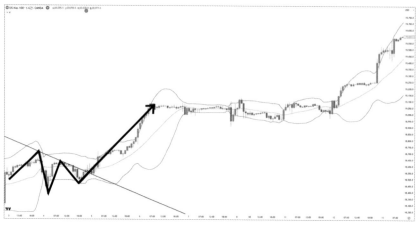

2024.06.05 00시 나스닥 1시간 차트 / 호가 제공 OANDA

　　역헤드앤숄더는 헤드앤숄더와 모양이 반대입니다. 역헤드앤숄더 패턴은 완벽한 모양을 갖추지 않더라도 추세 반전이 되는 경우가 있고, 완벽한 차트 패턴을 완성했다 하더라도 해당 추세를 지속하지 못하고 반전시켜버리는 예외적 상황이 있습니다. 그렇기 때문에 차트 패턴 하나만으로 매매에 임하면 안 됩니다.

3) 더블탑·더블바텀

더블탑

더블탑 타점

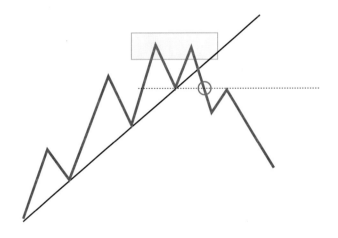

　　더블탑은 고점 갱신을 하지 못하고 하락하는 차트 패턴입니다. 추세선과
더블탑을 인식하는 지점 부근 혹은 재눌림 부근에서 진입할 수 있습니다.

더블탑 차트 예시

2024.04.05 04시 나스닥 1시간 차트 / 호가 제공 OANDA

진입 시점은 가로선을 깨고 다시 눌리는 부근입니다. 여기서 매도 진입할
수 있습니다.

더블탑 타점 차트 예시

2024.06.15 04시 골드 1시간 차트 / 호가 제공 OANDA

더블바텀

더블바텀 타점

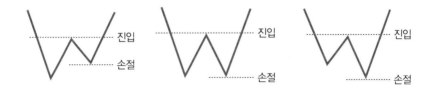

더블바텀은 세계적으로 많은 투자자가 사용하는 도구입니다. 그만큼 시
장참여자의 매수 행동을 촉구하게 만드는 차트 패턴입니다. 그러나 더블바
텀을 완성시키는 듯하다가 다시 하락 추세를 이어나가기도 하니, 반드시 완
성된 차트 패턴을 확인한 후에 움직여야 합니다.

더블바텀 차트 예시

2024.08.08 07시 골드 1시간 차트 / 호가 제공 OANDA

더블바텀 차트 타점 예시

2024.06.11 11시 골드 1시간 차트 / 호가 제공 OANDA

위의 예시들뿐만 아니라 실제 차트를 돌려보면서 차트 패턴을 찾는 훈련을 꾸준히 해야 합니다.

8 매일 해야 하는 숙제

제가 추천하는 해외선물 트레이딩 종목은 나스닥-골드-오일-유로달러-달러엔-비트코인 이렇게 6가지입니다. 매일 이 상품들의 차트를 보면서 각각 5분-60분-일봉에서 헤드앤숄더-역헤드앤숄더, 더블탑-더블바텀 차트 패턴이 나온 곳을 표기해두고, 차트 패턴대로 가격 추세가 나왔는지를 확인하세요.

이 작업을 매일 반복한다면 앞서 배운 기술적 분석 도구들만큼이나 유용한 도구가 될 것입니다. 1년 이상 꾸준히 지속한다면 방향도 쉽게 캐치할 수 있습니다.

3PART

진입, 청산, 운영
규칙 세우기

Chapter

6

실전 투자 전
꼭 세워야 하는 규칙들

1 비중에 대한 규칙

OVERSEAS FUTURES INVESTING

1) 진입과 동시에 리스크를 관리하는 1% 법칙

1% 법칙은 정말 간단합니다. 국내 증권사를 통해 거래하는 나스닥 선물 상품이 곧 시카고상품거래소(CME)의 종목입니다.

CME의 상품 단위는 '계약'입니다. 대표적인 나스닥 상품은 E-mini 나스닥 과 E-mini 나스닥의 10분의 1 가격인 마이크로 E-mini 나스닥이 있습니다. E-mini 나스닥 상품을 거래하기 위해선 약 2,600만 원(21,000 USD)이 필요하 지만, 마이크로 나스닥 상품은 약 260만 원(2,100 USD)으로도 거래할 수 있습 니다(2024년 1월 기준).

현재 나스닥 지수가 17,000포인트라고 가정했을 때 170포인트가 오르면 1%가 오른 것입니다. 그런데 국내 증권사에서 사용하는 CME 상품은 레버리 지가 20:1로 고정되어 있습니다. 그래서 170포인트가 상승하거나 하락하면 1%의 수익과 손실이 아닌 20%의 이익과 손실을 보게 됩니다.

따라서 만약 보수적인 투자자라면 1:1, 2:1 정도로, 공격적인 투자자라면

1,000:1 정도로 설정을 바꾸는 것이 좋습니다. 그렇게 해야 400원으로도 나스닥 거래를 할 수 있고, 400원만 잃을 수 있습니다. 이것은 상품거래 단위인 'CME:계약, CFD:랏' 수를 조정해서 할 수 있습니다.

그럼 초보자는 어떻게 설정해야 1% 법칙대로 매매할 수 있을까요? 해외 CFD 증권사를 이용할 경우 0.2랏, 계약으로 E-mini 나스닥의 100분의 1, 마이크로 나스닥의 10분의 1인 수량이 됩니다. 0.2랏으로 하루 평균 위아래 변동성을 고려해서 매수 진입을 한다면 E-mini 나스닥을 100개로 쪼개서 거래할 수 있습니다. E-mini 나스닥 상품을 거래하기에는 돈이 턱없이 부족하고, 기본적인 레버리지 세팅이 20:1로 되어 있기 때문에 숙련되기 전까지는 조심스럽게 거래해야 합니다. 마이크로라고 다르지 않습니다. 이래서 선물 초보자가 마이크로 거래를 해도 돈을 잃는 것입니다. 해외 증권사를 통해 거래할 경우 레버리지를 2:1 혹은 0.2:1 비율로 설정하면 초보자도 돈을 잃기 어려운 환경을 조성할 수 있습니다.

정리하면, 국내 증권사를 통할 경우 나스닥은 20:1, 골드는 20:1, 크루드오일은 11.5:1, 외환은 10:1의 레버리지를 가지고 있습니다. 레버리지는 마음대로 설정하지 못하므로 대부분의 초보자는 많이 잃습니다.

예를 들어 크루드 오일 선물지수가 80달러이고(24년 1월 기준 76달러 부근) 내 증거금이 1만 달러라면 1만 달러를 80으로 나누는 것입니다. 그러면 오일 1포인트(80달러에서 81달러 혹은 79달러를 간다면)당 125달러입니다. 그렇습니다. 1포인트가 떨어지거나 오를 때 내 수익금이 125달러가 되게끔 설계하는 것입니다. 즉 1.25랏을 들어가면 됩니다. 사실 이 1포인트는 나스닥 기준으로는 100포인트 이상 상승한 것과 같으며 상당히 상승한 값입니다. 정말 보수적으로 거래하는 것이죠.

하지만 크루드 오일이나 기타 종목은 평균적으로 하루 1~5%씩 움직이기 때문에 자금의 1%만 베팅하더라도 전체 시드가 1% 이상 상승하는 효과를 기대할 수 있습니다. 정말 기적의 산술법 아닙니까? 내 돈 1%만 베팅하는데 데미지 역시 1%밖에 나지 않으면서도 내 시드는 하루에 1% 이상 증가할 수 있으니 말입니다.

앞서도 말했듯이 저는 투자를 잘하는 타입이 아니기 때문에 사면 물리곤 했습니다. 그러나 해외선물은 내가 1% 손실 입은 자리에서 추가 진입한다면 일반적으로는 연속된 수익을 얻을 수 있는 것입니다.

이 방법을 전체 시장에서 사용하면 돈을 많이 잃을 수 있습니다. 크루드 오일과 골드같이 특정 기관(제조업체, 은행 등)에서 소비를 목적으로 구매해야만 하는 자산에서나 가능합니다. 이 자산들은 가격이 회귀하는 현상이 일어납니다. 어느 날 아침에 눈을 떴는데 기름값이 리터당 1,500원에서 3,500원으로 급등하는 일은 거의 발생하지 않습니다. 물론 전쟁과 같은 특수한 상황이 일어날 수는 있습니다. 만약 그런 일이 생긴다면 손절이 나가게 될 것입니다.

이러한 방법을 기반으로 저는 매일 익절하는 포트폴리오를 늘려나갔습니다. 아시다시피 매일 하는 거래로 익절을 이어나가기 쉽지 않습니다. 손절하는 날이 있을 수밖에 없는 탓이죠.

만약 4거래일 연속 하락한다고 했을 때 저는 첫 포지션은 4%, 두 번째 포지션은 3%, 세 번째 포지션은 2%순으로 손절하기 때문에, 4거래일부터는 전체 증거금에서 10% 손실이 발생합니다.

그래서 단순 통계로만 매매하면 안 되는 것입니다. 반드시 더블비와 캔들 이평선의 방향, 추세선의 현재 상황, 이격도의 위치, RSI의 과열권의 정도 그리고 시가, 고가, 저가의 위치를 보고 진입 판단을 해야 합니다. 추세선과 시가, 고가, 저가를 제외하고는 모두 평균을 추종하는 보조지표라는 점을 기억하세요. 추세선과 시가, 고가, 저가만이 평균에 벗어나 있어서 객관성을 확보해줍니다.

선물에서 가장 필수적인 요소는 진입 비중입니다. 이 비중을 철저히 지켜야만 초보 때부터 돈을 잃지 않으면서 많은 거래 훈련을 할 수 있습니다.

나스닥/골드/오일/유로달러/엔달러 1% 비중

상품별 1% 비중 24년 9월 20일 기준					
나스닥	골드	오일	유로달러	달러엔	비트코인
0.05랏 나스닥 20,000달러 가정	0.004랏 골드 2,500달러 가정	0.14릿 오일 70달러 가정	0.01릿 유로달러 1.1달러 가정	0.01 달러엔 140달러 가정	0.016닷 비트코인 60,000달러 가정

산식 : 종목 가격 10% 상승 × 계약단위 : 내 예수금 10% 상승 = 1랏 : X

위의 표는 내 자금이 1,000달러 있을 경우 각 상품에서 1%로 연습할 수 있는 비중입니다. 이 비중을 10분의 1로 나눈 0.1%씩으로도 연습할 수 있습니다.

리스크를 관리하는 방법은 다양하지만 제가 권장하는 방식은 1% 이하로 매수, 매도 진입을 하면서 최대 손실 허용을 10%로 제한하는 것입니다. 손실을 제한하기 위해서는 로스컷 설정이 필요합니다.

2) 레버리지 규칙

① 선물상품과 내 자금 일대일 레버리지 세팅해보기

초보자에게 권장하는 비중은 1% 이하이기 때문에, 이 기준으로 설명을 해보겠습니다. 참고로 변동성을 기준으로 레버리지를 해석하는 방법도 있지만 이 책에서는 다루지 않았습니다. 또한 이렇게 레버리지를 해석하는 건 저의 방식입니다.

1%는 '나의 증거금 대비'입니다. 나스닥 지수 전체가 1% 상승했을 때 내 증거금이 1% 상승한다면 나는 1:1의 레버리지를 썼고 100% 투자를 한 것입니다. 나스닥 지수 전체가 1% 상승했을 때 내 증거금이 10% 상승한다면 나는 10:1의 레버리지를 썼고 100% 투자를 한 것입니다.

내 레버리지는 랏수 조정으로 가능합니다. 나스닥 지수가 17,000포인트이고 1% 상승했다면 170포인트 상승한 것입니다. 내가 1,000달러 있는 투자자이고 내 증거금도 1%만 상승한다면 내 레버리지는 1:1인 거고요.

170포인트 : 10달러 = 17,000포인트 : 1,000달러

나스닥 1랏의 1포인트 상승은 1달러 수익이죠.

170달러(1랏의 170포인트 상승) : 10달러(내 증거금의 1% 수익) = 1랏 : 0.058랏

계산을 쉽게 하기 위해서 2,000달러 있는 사람이 0.1랏을 매수 진입했다면 1%를 진입한 겁니다.

CME 사례를 살펴보겠습니다.

CME 상품은 나스닥 기준 레버리지 20:1 고정입니다. 골드는 20:1, 오일은 11.5:1, 외환은 10:1입니다. 따라서 소수점 단위 계약 거래가 불가능합니다.

마이크로 나스닥을 거래하기 위해서는 1,947달러, 약 260만 원의 증거금이 필요합니다. 그렇기 때문에 20계약의 증거금을 두고 1계약의 거래만 하면 되겠죠.

1,947달러(1계약 필요증거금) × 20 = 38,940달러

대략 4만 달러의 돈을 두고 나스닥 마이크로 1계약만을 거래하면 나스닥 지수와 레버리지 1:1로 거래를 하는 것입니다.

대략 4만 달러의 돈을 두고 나스닥 마이크로 2계약을 거래하면 나스닥 지수와 레버리지 2:1로 거래하는 것입니다.

대략 4만 달러의 돈을 두고 나스닥 마이크로 10계약을 거래하면 나스닥 지수와 레버리지 10:1로 거래하는 것입니다.

② 내 레버리지 내가 정하기

제가 레버리지로 1:1로 거래한다면 선물 상품을 1:1로 거래하는 겁니다.

그래서 만일 제가 2,000달러 있는 투자자이고 나스닥 0.1랏을 거래한다면 1:1 레버리지의 1% 비중을, 제가 2,000달러 있는 투자자이고 나스닥 0.2랏을 거래한다면 2:1레버리지의 1% 비중을, 제가 2,000달러 있는 투자자이고 나스닥 2랏을 거래한다면 10:1 레버리지의 1% 비중을 들어가는 겁니다.

위의 레버리지 산출 방식은 나스닥이 18,000 포인트로 가격이 오르거나

16,000포인트 가격으로 내려가면 랏수를 다시 계산해야 합니다. 적정한 랏수 조정 포인트는 1,000포인트마다 변경으로 권장합니다.

1:1로 거래해보면서 자신에게 맞는 레버리지를 찾아야 합니다. 초보자에게 권장하는 비율은 1:1 혹은 0.5:1입니다. 선물은 속도가 빠르기 때문에 1% 비중으로 투자해도 매일 1% 이상의 수익과 손실이 발생될 수 있기 때문입니다.

③ 내 베팅 랏수 정하기 - 포인트당 얼마의 수익/손실 정하기

이제 알게 된 지식을 바탕으로 현재 자산에 맞는 베팅 랏수를 정하면 됩니다. 또 1:1이 아닌 레버리지를 몇 배수로 세팅해서 거래할 것인지 증거금과 랏수를 통해서 세팅하면 되고요. 이 과정을 통해서 내 증거금 대비 랏수를 정해서 레버리지를 정하고, 실제 시장에서 거래하면서 내 연속된 승률이 유지되는지 보면서 레버리지를 유지할지, 상향시킬지 여부를 결정하면 됩니다.

④ 최대 손실허용 금액 정하기

뒤에서도 반복적으로 이야기할 주제입니다. 저는 최대 손실허용 금액을 최대 10%로 세팅할 것을 권장합니다. 즉 내 증거금이 1,000달러인데 100달러의 손실이 발생했다면 고민의 여지 없이 바로 손절할 것을 권장합니다.

왜 10%일까요? 실제 많은 대가들이 자금의 1% 혹은 10%를 최대 손실허용 금액으로 두고 있습니다만, 저는 이것을 조금 더 시장에 맞춰서 고민해 보았습니다.

해외선물은 기본적으로 CME가 리드하고 있습니다. CME 고정 선물상품 기준 나스닥 100포인트의 손실이 현재 기준으로 증거금 10%의 손실을 의미합니다.

실제로 100포인트가량 하락 또는 상승하면 조정이 나오는 경우가 많은데, 이 조정은 매물대, 저항 등의 개념으로 설명할 수 있습니다. 즉 투자심리적 가격 변동폭이 CME 기준에서는 증거금 10%인 셈입니다.

상승하더라도 증거금 10% 구간이 오면 상승과 하락이 더뎌지거나 더 급격해집니다. 이 구간에서의 가격 변동폭은 평이하지 않다는 것입니다. 미결제 포지션을 강제청산하고자 가속화되거나 더뎌지면서 매물대를 새로 형성하는 것입니다.

트레이딩을 수학 공식으로 접근해서 돈을 잃은 대표적인 사례로는 미국의 헤지펀드 업체인 롱텀캐피탈매니지먼트(LTCM)를 들 수 있습니다. 노벨상 수상자 및 경제 분야 세계 최고의 석학들을 데려와서 트레이딩 이론을 수립하고 그것을 실행했지만 결국 파산했습니다.

그만큼 투자심리가 배제되어 있는 진입, 청산, 손절은 상당히 문제가 많습니다. 시장이 계속 상승하거나 하락해서 선물 상품이 새로운 가격 범주에 들어간다면 새로운 손절 기준이 세팅되어야 합니다.

이런 이유에서 자금의 10%를 최대 손실허용 금액으로 권장합니다. 매물대를 벗어나거나 주요 경제지표 발표 등의 이유로 다양한 손절 기준을 세팅할 수도 있습니다. 하지만 선물거래로 지속적인 수익을 내는 트레이더 입장에서 최대치는 바꾸지 않을 것을 권장합니다.

⑤ 매일 출금 원칙 세우기

수익이 계속 난다면 수익금에 맞게 돈을 계속 불려나가면 되지, 왜 굳이 출금을 해야 할까요?

선물시장에서는 단방향의 움직임이 많고, 그 위험은 특히 매도포지션에서 자주 일어납니다. 그러다 보면 내가 얻은 수익금을 고스란히 까먹는 일이 자주 발생하죠. 그래서 출금 원칙을 먼저 세워야 하고 반드시 지켜야 합니다.

수익금은 매일 결산해야 합니다. 얼마의 이익을 냈을 때 얼마를 출금할지를 정해놔야 합니다. 권장하는 출금 원칙은 수익금의 50%입니다. 100달러의 수익을 얻으면 50달러를 출금하는 것을 이상적으로 생각합니다. 저는 출금하면 50%는 자산 계좌(부동산, 주식)에 파킹해 두고, 나머지 절반의 절반(25%)은 추후에 있을 손실로 인한 매매 불가능한 상태를 위해 예비자금으로 둡니다. 남은 절반(25%)으로는 원하는 곳에 소비합니다.

이보다 더 좋은 황금비가 있다면 그 전략을 따라가되, 매일 출금 원칙만은 꼭 지키십시오.

3) 매일 1% 복리의 힘

매일 내 증거금이 1%씩 늘어나고 그에 맞는 랏수를 1%씩 소수점 상향한다고 했을 때 1일부터 20거래일까지(1개월)의 수익은 대략 22%가 됩니다.

1년 거래일이 미국 휴장일 제외 250일이라고 했을 때 내 수익금은 얼마가 될까요?

이런 식으로 12개월이 지나면 내 자금은 시드 대비 무려 10배가 됩니다. 1%가 작게 느껴질 수 있겠지만, 위의 표를 보면 1년만 지나도 어마어마한 금액이 되는 것을 알 수 있죠?

그렇다면 선물시장에서 매일 1%의 수익을 내기 위한 매매 전략은 어떤 것이 있을까요?

만일 나스닥이 하루 변동성이 340포인트라고 가정한다면 2,000달러 자금에 0.1랏, 레버리지 1:1, 내 증거금의 1% 비율로 4번 사게 됩니다. 그리고 이것이 최대 변동성을 거쳐 내가 처음 진입한 자리에 돌아온다면 나는 3%의 수익을 얻게 되겠죠?

20일간 증거금에 따라 랏수 상향 시 수익률

기간	수익	총금액	수익률
1일	10,000원	1,010,000원	1.00%
2일	10,100원	1,020,100원	2.01%
3일	10,201원	1,030,301원	3.03%
4일	10,303원	1,040,604원	4.06%
5일	10,406원	1,051,010원	5.10%
6일	10,510원	1,061,520원	6.15%
7일	10,615원	1,072,135원	7.21%
8일	10,712원	1,082,856원	8.29%
9일	10,828원	1,093,684원	9.37%
10일	10,936원	1,104,620원	10.46%
11일	11,046원	1,115,666원	11.57%
12일	11,268원	1,126,822원	12.68%
13일	11,156원	1,138,090원	13.81%
14일	11,380원	1,149,470원	14.95%
15일	11,494원	1,160,964원	16.10%
16일	11,609원	1,172,573원	17.26%
17일	11,725원	1,184,298원	18.43%
18일	11,842원	1,196,140원	19.61%
19일	11,961원	1,2088,101원	20.81%
20일	12,081원	1,220,182원	22.02%

1년간 증거금에 따라 랏수 상향 시 수익률

기간	수익	총금액	수익률
240일	107,842원	10,892,087원	989.21%
241일	108,920원	11,001,007원	1000.10%
242일	110,010원	11,111,017원	1011.10%
243일	111,110원	11,222,127원	1022.21%
244일	112,221원	11,334,348원	1033.43%
245일	113,343원	11,447,691원	1044.77%
246일	114,476원	11,562,167원	1056.22%
247일	115,621원	11,677,788원	1067.78%
248일	116,777원	11,794,565원	1079.46%
249일	117,945원	11,912,510원	1091.25%
250일	119,125원	12,031,635원	1103.16%

첫 번째 포지션 0원, 두 번째 포지션 100포인트 이익, 3번째 포지션 200포인트 이익, 4번째 포지션 300포인트 이익. 이렇게 총 내가 얻은 포인트는 1포인트당 600포인트이고 나는 1포인트당 0.1달러를 법니다. 그러면 나는 60달러를 번 것이죠.

내 증거금 대비 3%를 번 것이고 다음 날 얻은 수익금을 랏수에 반영해서 0.103랏을 투자하게 될 거예요. 이렇게 하면 나스닥 종목의 변동성 덕분에 복리의 가속도는 빨라질 것입니다.

물론 반대로 계속 하락하면 손실이 극대화되겠죠. 이 부분은 뒤에서 자세히 다뤄보겠습니다.

4) 투자금을 10으로 나눠 거래를 늘린다

저는 선물거래를 시작하자마자 200만 원으로 2,000만 원을 벌었습니다. 주로 나스닥과 오일을 거래했는데요. 전략은 아주 단순했습니다. 쌍바닥 패턴에서 눌림이 발생하면 매수하는 것이었죠.

투자를 시작한 이래 처음으로 시드를 10배로 불려봤습니다. '와! 이게 되는 거구나' 하는 생각을 하며 개인 사정으로 수익금의 절반인 1,000만 원을 바로 인출했는데요. 반강제로 인출한 이 원칙이 현재까지도 유지되고 있습니다.

이후 나머지 잔고에 손실을 입고 100만 원 남짓이 남았습니다. 이 금액으로는 국내 증권사를 통한 나스닥 거래를 할 수 없었고, 그때 해외 CFD 증권사라는 것을 알게 되었는데요. 해외 CFD 증권사들은 우리나라 증권사보다 레버리지를 더 주기 때문에 단돈 400원으로도 나스닥 거래가 가능했습니다. 또 만기가 없어서 계속 홀딩이 가능했습니다.

저는 이때 유레카를 외쳤습니다. 실제 돈으로 미친 듯이 연습할 수 있는 기회의 장이 열렸기 때문입니다. 선물 거래를 하려면 나스닥 기준 최소 200만 원은 있어야 했는데, 이제는 400원으로도 가능해진 거니까요. 이 거래 환경이 제 인생을 송두리째 바꿨습니다.

이때 제 전략은 아주 심플했습니다. 1시간봉에서 밑꼬리 없는 강한 캔들이 나오면 묻지 마 매수를 한 것입니다. 되돌림이 나오면 곧바로 매도했습니다.

매일 제가 투자한 금액은 2만 원이었습니다. 매일 2만 원어치 로또를 산 것이나 다름없었습니다. 그런데 일주일 만에 그 2만 원으로 100만 원을 만들었습니다. 다 잃은 날도 있고 3배 넘게 번 날도 있었습니다. 저는 거래를 매일 했고, 모든 거래를 그날 종료했습니다.

그때만 해도 영원히 돈 복사를 할 수 있을 것만 같았습니다. 하지만 돈이 커지다 보니 또 증거금 모두를 걸고 진입하는 거래이다 보니 타점이 정교하지 않아서 생기는 문제점이 발견되기 시작했습니다. 계좌당 증거금을 모두 잃는 것에 대한 부담감도 커졌습니다.

5) 시장에서 퇴출당하는 것이 최악이다

3일 연속 건지는 게 없으면 조급해집니다. 그래서 저는 전략을 바꿨습니다. 양방 거래는 저에게 손익 비율이 좋았던 금액으로만 한정하고, 나머지는 단방향 거래를 하는 것이었죠. 이때부터 주력 매매인 데이트레이딩을 시작했습니다.

앞서 말했듯이 저는 똥손 투자자 출신입니다. 제 투자 인생에서 최악의 거래는 홀딩하다가 청산당한 것입니다. 그럼에도 저는 손절을 많이 하고 싶지는 않았습니다. 그렇게 두 번째 거래 원칙을 세웠습니다. 시장이 평균보다 더 움직였을 때, 그 움직임이 나의 방향과 틀렸을 때에만 손절이 나가도록 세팅하는 것이었습니다.

6) 눈 딱 감고 로스컷 세팅

이게 저에게 최대 손실허용 금액이자 포인트입니다. 저는 나스닥 100포인트 / 골드 10포인트 / 오일 1포인트 / 유로 0.001포인트로 기준을 잡았습니다. 제 전체 합산 포지션이 이 값을 이탈하면 손절합니다. 장의 변동성이 있지 않는 이상은 말입니다.

저는 다음 두 가지 이유로 손절을 합니다.

- 비중의 10%가 날아갈 때
- 비중을 고려한 평균단가가 위와 같은 포인트를 초과해서 이탈할 때

어렵게 번 수익금을 몽땅 날리는 경험을 10번 이상 한 뒤로 이렇게 손절 기준을 정했습니다. 포지션 진입과 동시에 손절 세팅을 합니다. 더 짧게 잡았으면 잡았지, 더 길게 잡지는 않습니다.

7) 나의 그릇

저는 한 번 진입 시 포인트당 10~300만 원의 이익과 손실을 감내합니다. 참고로 저는 이익도 '감내한다'라는 표현을 씁니다. 손실을 참는 것보다 이익을 참는 게 훨씬 어렵기 때문입니다. 이는 투자를 한 사람이라면 공감할 겁니다. 이익인 포지션을 유지하는 것이 물린 포지션을 유지하는 것보다 훨씬 어렵습니다. 그래서 이익 중인 종목은 빨리 파는 반면, 손실 중인 종목은 오래 들고 가곤 합니다.

그러나 수익 중인 포지션은 최대한 들고 있어야 합니다. 하지만 수익인 포지션을 그냥 들고 있으면 가격이 회귀해서 본전 혹은 손실로 마감될 수 있

기에, 스탑 주문을 활용해야 합니다.

8) 얼마까지 잃을 수 있나

최대 손실허용 금액은 증거금의 10%라고 했지만, 더 짧게 조정해도 됩니다. 초과만 하지 않길 바랍니다.

최대 얼마까지 손절하느냐에 따라서 승률도, 손익도 달라집니다. 본인 승률에 맞게 이익을 챙기는 범위와 최대손실 기준을 세팅해야 합니다. 이것을 켈리 공식으로도 산출할 수 있지만 이익을 챙기는 범위가 증거금 증가율이 1%이고 손실을 감내하는 것이 10%라고 가정했을 때 아무리 승률이 90% 이상이라고 하더라도 결국 손실을 봅니다. 그렇다면 작게 여러 번 잃어야 하는데 또 그렇게 하면 승률이 줄어듭니다.

그렇기 때문에 실제로 거래하면서 승률을 산출하고, 그에 맞는 베팅금액을 찾고, 최소 얼마의 이익을 챙길 것인지, 최대 얼마의 손실을 감내할 것인지 집계를 내고, 최대손실을 줄여나가는 방식으로 각각의 값을 수정해야 합니다.

켈리 공식

켈리 공식(Kelly Criterion)은 반복적인 투자나 베팅에서 자본의 최적 배분 비율을 결정하는 수학적 공식입니다. 이 공식은 장기적으로 자본의 성장을 극대화하고 파산 위험을 최소화하는 것을 목표로 합니다.

켈리 공식의 기본 개념
- 승리 확률(p): 투자나 베팅에서 성공할 확률
- 패배 확률(q): 실패할 확률로, q = 1 - p
- 승리 시 수익률(b): 성공 시 얻는 수익률
- 패배 시 손실률(a): 실패 시 잃는 손실률

켈리 공식의 수식

$$f^* = \frac{bp - q}{b}$$

여기서 f*는 자본의 최적 배분 비율을 나타냅니다.

예시
- 승리 확률(p): 60% (0.6)
- 패배 확률(q): 40% (0.4)
- 승리 시 수익률(b): 1.5배
- 패배 시 손실률(a): 1배

이 경우, 켈리 공식에 따라 최적 배분 비율은 다음과 같이 계산됩니다:

$$f^* = \frac{1.5 \times 0.6 - 0.4}{1.5} = \frac{0.9 - 0.4}{1.5} = \frac{0.5}{1.5} \approx 0.3333$$

따라서, 자본의 약 33.33%를 해당 투자나 베팅에 배분하는 것이 최적입니다.

켈리 공식은 이론적으로 최적의 배분 비율을 제시하지만, 실제 투자에서는 다음과 같은 점을 고려해야 합니다.

- 확률과 수익률의 정확성: 실제 투자에서는 승리 확률과 수익률을 정확하게 예측하기 어렵습니다.
- 자본의 변동성: 자본의 변동성이 클 경우, 켈리 공식에 따른 배분 비율이 지나치게 높게 나올 수 있습니다.
- 심리적 요인: 높은 배분 비율은 투자자의 심리적 부담을 증가시킬 수 있습니다.

켈리 공식을 활용할 때는 자신의 투자 성향과 리스크 허용 범위를 고려하여 적용하는 것이 중요합니다.

---

9) 얼마까지 이익을 참을 수 있나

인내력과 트레이딩 경험과 상관없이 이익을 훌륭하게 참아내도록 도와주는 도구가 있습니다.

훌륭한 트레이더는 이익 중인 포지션에서 불타기를 하면서 이익을 더 극대화하겠지만 일반인이 따라 하기 어려운 기술입니다. 저 또한 적극적인 불타기에는 어려움을 겪습니다.

불타기를 하지 못한다면 이익 중인 포지션의 수익을 잘라내는 걸 방지하는 게 최선입니다. 그때 '스탑 주문(Stop Order)'이 도움을 줄 수 있습니다.

스탑 주문은 현재 가지고 있는 포지션에서 스탑로스를 올려서 이익을 보존하는 기능입니다. 더 크게 상승하면 그에 따라 스탑 주문 금액도 올려서 이익을 보존할 수 있습니다. 다만 반대로 스탑 주문을 현재 가격과 가깝게 설정하면 조정을 주고 올라버리는 경우에 이익을 더 크게 볼 수 있던 것을 놓치는 경우도 생겨납니다. 이를 방지하기 위해서 이익이 발생되면 전체 수익금의 25%, 50%, 75%대로 스탑로스를 올리는 방법을 선택할 수 있습니다. 25~75%라는 변동적인 수치는 매물대와 연관 지어 설정합니다.

나스닥 선물을 17,000포인트에 진입했다고 가정해 봅시다. 그러면 자동 스탑로스는 16,900포인트가 됩니다. 이때 가격이 17,000에서 17,020포인트로 상승했다면, 17,010로 스탑로스를 올리는 식입니다. 이렇게 수익금의 50%를 보존할 수 있습니다.

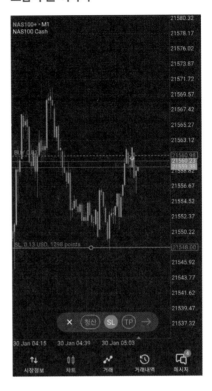

이는 변동폭이 큰 시간대, 그렇지 않은 시간대 그리고 매물대에 따라 차이가 있을 수 있기에 많은 매매 경험을 통해 일정한 비율로 스탑을 올리는 연습을 해야 합니다. 하지만 저는 단기적으로 이익을 빨리 취하는 것도 굉장히 중요하다고 이야기합니다. 대개 손실이 커지는 건 빨리 팔아서가 아닙니다. 오래 들고 있어서입니다. 반대로 수익이 작아지는 건 빨리 팔아서입니다.

위의 두 문장은 아주 상반된 말입니다. 그런데 여기에 단어 하나를 추가하면 두 문장 모두 말이 됩니다. '스탑 주문'. 로스컷 주문과 함께 스탑 주문

스탑 주문

스탑 주문은 특정 가격에 도달하면 자동으로 매수 또는 매도 주문을 실행하도록 설정하는 주문 유형입니다. 주로 손실을 제한하거나 이익을 확보하기 위해 사용됩니다.

1. 스탑 마켓 주문(Stop Market Order)
- 설정한 스탑 가격에 도달하면 즉시 시장가로 매수 또는 매도 주문이 실행됩니다.
- 특징: 빠른 체결이 가능하지만, 시장 변동성에 따라 예상치 못한 가격에 체결될 수 있습니다.
- 예시: 현재 주가가 100달러일 때, 95달러에 스탑 매도 주문을 설정하면 주가가 95달러에 도달하는 즉시 시장가로 매도됩니다.

2. 스탑 리밋 주문(Stop Limit Order)
- 스탑 가격에 도달하면 지정한 리밋 기격으로 매수 또는 매도 주문이 실헹됩니다.
- 특징: 슬리피지 위험이 적지만, 지정가 범위 내에서만 체결되므로 주문이 체결되지 않을 수 있습니다.
- 예시: 현재 주가가 100달러인 상황에서 95달러에 스탑 가격을, 94달러에 리밋 가격을 설정한다고 했을 때, 주가가 95달러에 도달하면 94달러 이하로 매도 주문이 실행됩니다.

3. 트레일링 스탑 주문(Trailing Stop Order)
- 주가가 유리한 방향으로 움직일 때 스탑 가격을 자동으로 조정하여 이익을 고정하는 주문입니다.
- 특징: 주가 상승 시 스탑 가격도 상승하여 이익을 보호하며, 주가 하락 시 스탑 가격은 고정되어 손실을 제한합니다.
- 예시: 현재 주가가 100달러일 때 5%의 트레일링 스탑을 설정하면, 주가가 105달러로 상승했을 때 스탑 가격은 100.25달러로 조정됩니다. 주가가 100.25달러 이하로 하락하면 매도 주문이 실행됩니다.

스탑 주문은 투자자가 시장 변동에 즉각적으로 대응할 수 있도록 도와주며 리스크 관리에 효과적인 도구입니다. 그러나 시장 변동성이 클 경우 예상치 못한 가격에 체결될 수 있으므로 주의가 필요합니다.

을 넣었다면 오래 들고 있지 않게 되며 손실이 커지지 않습니다. 로스컷 주문과 함께 수익을 홀딩했다면 이익은 보존하면서 빨리 팔지 않아 이익이 극대화됩니다.

10) 진입과 동시에 2차 진입 세팅

1개 호가에 모든 주문을 다 걸 수 있을까요? 불가능합니다. 아주 작은 금액은 가능하겠지만, 일정 수준 이상의 예수금을 넘어간다면 불가능해집니다.

저는 진입과 동시에 2차 진입 주문을 같이 걸어둡니다. 체결에 대한 문제를 해결함과 동시에 어느 정도 조정을 줄 수 있다는 점을 고려하는 거죠.

이렇게 주문을 거는 이유는 크게 3가지입니다. 첫 번째 이유는 주문이 다 체결되지 못하는 것을 방지하기 위해서입니다. 두 번째 이유는 진입시점을 더 정교하게 개발하는 것이 불가능하다고 여겼기 때문입니다. 세 번째 이유는 조정 이후 상승했을 때 아쉬움을 방지하기 위하여입니다.

2 진입에 대한 사례 분석

OVERSEAS FUTURES INVESTING

1) 트레이딩 시 진입 지점

트레이딩에 있어서 익절하는 방법론은 무수히 많습니다. 매매 관련 출판 서적, 수많은 유튜브 동영상에서 소개되는 매매 방법이 가지각색 같지만 사실 진입 방법론은 결국 3가지로 귀결됩니다.

돌파할 때 사느냐

돌파 후 눌림에서 사느냐

돌파한 주가가 눌림 이후 재돌파할 때 사느냐

돌파, 되돌림 혹은 눌림, 재돌파, 이 세 가지가 주요 진입 시점입니다. 달리 말하면 돌파가 없다면 쳐다볼 필요도 없습니다.

기준은 월/주/일/시간으로 둘 수 있습니다. 캔들차트로 해당 주기를 살펴볼 수 있겠죠?

투자자에 따라 눌림을 단순이평선으로 보기도 하고, 가중이평선으로 보기도 하고, 매물대로 보기도 합니다. 이외에도 수많은 눌림을 인식하는 툴이 있습니다.

2) 눌림을 인식하는 도구 – 매물대, 이평선, 볼린저밴드

눌림이라는 것은 상승 추세일 때 가격이 조정받는 구간을 뜻합니다. 눌림목이라고 표현하기도 하고, 매물대라고 표현하기도 합니다. 이 눌림을 인식하는 가장 효과적인 트레이딩 도구를 소개하려고 합니다.

특정 가격에서 반복적인 지지 저항의 작동 – 매물대

특정 기간의 가격 평균에서 지지 저항의 작동 – 이평선

특정 가격 밴드의 상하단에서 지지 저항의 작동 – 볼린저밴드

홀딩 기간이 길면 제아무리 로스컷을 잡아놨다 하더라도 자꾸 차트를 쳐다보게 됩니다. 그래서 저는 빠르게 익절할 수 있는 방법을 연구하기 시작했습니다.

이 데이트레이딩 연구는 매물대로부터 시작했습니다. 결국 지나고 보면 지지받는 구간이 있고 저항받는 구간이 있습니다.

그렇다고 보조지표를 다 끄고 캔들로만 매매하기에는 시장에서 얻을 수 있는 단서가 적습니다. 저는 추세 매매자이기에 추세 매매의 약점을 보완하기 위해 역추세 매매를 주로 하는 사람들의 보조지표를 연구하기 시작했습니다.

매물대 예시 – 이평선 지지 저항 예시

2023.05.25 01시 나스닥 1시간 차트 / 호가 제공 OANDA

매물대 예시 – 볼린저밴드 지지 저항 예시

2023.04.20 19시 나스닥 1시간 차트 / 호가 제공 OANDA

다시금 설명하지만 볼린저밴드의 기본 원리는 20이평선에 표준편차값 2를 위아래로 더한 밴드 지표입니다. 캔들을 볼린저밴드 안에 가두고 위에 닿으면 매도 혹은 아래 닿으면 매수를 고려할 수 있는 지표입니다. 시각적으로 캔들이 볼린저밴드에 닿으면 저항을 받는 모양새라 주로 역추세 매매를 하는 사람들이 즐겨 사용합니다.

추세에 대한 기준은 주봉/일봉/4시간봉/1시간봉/5분봉/1분봉 어느 시간 프레임을 기준에 두느냐에 따라 상승 추세인지 하락 추세인지가 달라집니다. 자신이 기준으로 삼는 시간프레임의 캔들차트에서 저점을 높이고 있다면 상승 추세이고, 고점을 낮추고 있다면 하락 추세입니다.

캔들차트 저점을 높이는 모습

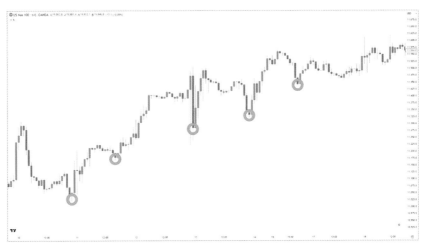

2023.01.12 19시 나스닥 1시간 차트 / 호가 제공 OANDA

캔들차트 고점을 낮추는 모습

2023.08.08 02시 나스닥 1시간 차트 / 호가 제공 OANDA

다만 이 추세에 대한 정의를 위반하는 예외 사항들이 있습니다. 이와 관련해서는 뒤에 설명할 추세편에서 상세히 다루어보겠습니다.

저는 추세 매매의 약점을 보완하고자 이 도구를 선택했습니다. 일반적인 볼린저밴드의 활용법은 2가지입니다. 밴드의 상하단에 캔들 가격이 위치했으면 반대로 진입하는 것과 캔들이 밴드를 찢으며 떨어지거나 상승하는 '돌파'가 일어날 때 진입하는 것입니다.

볼린저밴드 이미지

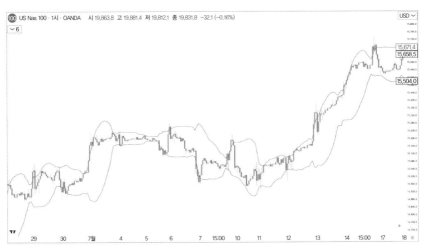

2023.07.07 14시 나스닥 1시간 차트 / 호가 제공 OANDA

저는 볼린저밴드를 활용한 매매 방법을 3가지로 세분화했습니다.

3) 개미, 원숭이와 반대로 하겠다는 사고방식

시장에는 개미와 반대로 매매하면 돈을 번다는 격언이 있습니다. 저도 이 말에 동의합니다. 돈을 잃는 사람이 하는 행위와 반대로 하면 대개 돈을 법니다. 그래서 저는 철저히 반대인 사람의 유형을 상세히 정리했고 그대로 거래하기 시작했습니다.

그때까지 저는 시장에 기법이나 비법이 존재한다고 믿었으나 반대로 하기로 결심한 뒤로 비법이 존재한다는 사실을 믿지 않기로 했습니다. 또한 저는 시장의 고점과 저점을 파악할 수 있는 사람이 아니었습니다. 그래서 파악해 보기로 결심했고 이를 실행했습니다. 많은 사람이 같은 방향을 볼 때(거래량이 터질 때) 거래하던 저는 거래량이 많지 않을 때 사기로 했습니다. 선물시장의 경우 장 초반 외의 시간이 그렇습니다. 또한 진입할 때마다 100만 원 이상을 익절하고자 했던 저는 100만 원 이하로 익절하기로 결심했습니다.

반대로 한 행위는 이외에도 많습니다. 저의 집이 층고가 2.7m로 조금 높은 편인데, 벽면 전체가 이러한 '인간 본성 반대 행동 촉구 지침서'로 온통 채워져 있습니다.

이걸 작성하는 데 가장 중요하다고 생각하는 포인트는 거래하면서 본인이 깨달은 점을 적는 겁니다. 누군가의 것을 가져와야 한다고 생각하지 마세요. 자신이 시장에서 느끼고 경험한 것을 그대로 적으면 됩니다. 시장에서 경험한 것의 NOT TO DO LIST인 셈이죠.

이 매매법은 사람들의 심리를 활용한 것입니다. 진입하기 전에 차트상에 손절할 곳은 표기해 두고, 손실이 확정될 곳에서 진입할 비중을 남겨둡니다. 반드시 포지션에 들어가기 전에 정해놓아야 합니다. 이는 미결제 현황을 이용한 매매법처럼 일반 투자자들이 느끼는, 손실에 대한 두려움이 극대화된 곳에서 매수하는 방법입니다.

3 목표가 설정과 손절 설정

OVERSEAS FUTURES INVESTING

1) 하루 세 번 10포인트 익절로 계좌 2배 만들기

안전한 거래로 매일 꾸준하게 수익금을 쌓아나가면서도 결국엔 진입이 정교해져야만 크게 시드를 불릴 수 있다고 판단했습니다. 워낙에 손실복구 심리가 강했기 때문에 매일 10만 원씩 먹는 것도 굉장히 감사한 일이었지만 백만 원, 천만 원, 그리고 1억 원의 매일 수익금에 도달하고 싶었습니다. 그래서 방법을 찾는 연구를 게을리하지 않았습니다.

하루 3번 10포인트 익절하면 계좌가 두 배가 되는 방법을 연구하기 시작했습니다. 이 방법에는 '더캔이지 추격깨' 라는 도구가 매우 유효했습니다. 어떤 마인드셋이나 심법보다도 직관적인 차트 도구가 필요했습니다.

저는 1시간봉에서 더블비(2B)를 맞으면 10포인트 이상은 충분히 수익을 준다는 것을 발견했습니다. 그래서 이 맥락을 파기로 했고 더블비 부근에 특정 매물대 혹은 더 큰 시간프레임에서 1개 이상의 볼린저밴드에 닿으면 반등 혹은 돌파의 힘이 더 강해지는 것을 확인하고 이 거래에 집중하기 시작했습니다.

하루에 더블비 기회는 종목별 많아야 3번 옵니다. 횡보장에서는 오히려 많을 것 같지만 그렇지 않고 변동성이 큰 장에서 더블비가 자주 출연합니다.

2) 본전이 오면 어떻게 해야 할까?

투자자들에게 "만약 물렸다면 본전이 왔을 때 던져야 할까요?" 하고 묻는다면 대부분이 "그렇다"라고 대답할 겁니다. 저도 그랬습니다. 그래서 물린 이후에 본전이 오더라도 던져보지 않기로 결정했습니다. 다만 겁이 많기에 본전 로스컷을 세팅했습니다.

그 결과, 본전을 찍고 올라가는 경우가 10이면 7이었습니다. 그럼에도 저는 나머지 3을 위해서 이 방법을 선택했고, 이게 저에게 있어서 크고 긴 수익을 안겨주는 '매매 방법'이 되었습니다.

4 시나리오 매매와 물타기의 차이

OVERSEAS FUTURES INVESTING

1) 10거래일 시나리오 매매

사실 기술적 분석을 하지 않고도 돈을 벌 수 있는 방법이 있습니다. 아주 단순하게만 적어보자면 내가 갖고 있는 돈이 10억이고 100만 원을 나스닥 지수 혹은 골드 오일 선물에 일주일에 한 번씩 만기일마다 매수하면 손실을 보기 어렵습니다. 즉 이익을 볼 확률이 높다는 것입니다.

시장에 100%란 존재하지 않기에 단정지어 말하기는 어렵습니다만, 이 말을 좀 더 구체적인 문장으로 풀어보면 '스윙포지션 수익 전환의 평균일'로 쓸 수 있습니다. 저는 이것을 10거래일 시나리오 매매라고 부릅니다.

이 스윙포지션의 수익 전환 평균일을 매도포지션일 경우, 매수포지션일 경우로 나누어 만기별 평균을 내보면 심리적으로 안정적인 긴 호흡의 거래를 할 수도 있습니다.

저는 이 책에서 과거의 예시를 들 생각이 없습니다. 제가 시장에서 내린 결론은, 과거의 성공적이었던 방식이라 해도 미래에 통한다는 법이 없습니다.

통계는 과거의 통계일 뿐 미래에 아무런 영향을 미치지 못합니다. 단지, 통계적 결론을 미리 알고 거래하기에 규칙대로 거래에 임할 수 있는 것입니다.

10거래일 시나리오 매매는 최근 장의 저가와 고가의 평균치를 내어서, 상승 추세일 때 자금의 1%씩 매수 진입하는 것입니다. 만일 골드를 2,000포인트에서 매수를 잡았는데 최근의 변동폭의 평균이 하루 20포인트라면, 20포인트 떨어질 때마다 1%씩 매수하는 식입니다.

저는 추세 매매자이기 때문에 직전 만기의 추세만을 고려합니다. 추가 매수와 물타기를 구분해서 사고할 줄 알아야 합니다. 초보자는 물타기를 하면 안 됩니다. 물을 탄다는 표현 자체가 심리적으로 차트의 움직임에 휩쓸리고 있다는 뜻입니다.

시나리오 매매와 물타기도 구분되어야 합니다. 계획된 진입 가격이 존재했다면 시나리오 매매이고, 그렇지 않다면 모두 이유 불문 물타기입니다.

물타기의 최종은 결국 강제청산입니다. 그럼에도 불구하고 물타기를 했을 경우 구체적인 탈출 전략을 나열해보겠습니다. 이 과정에서 10% 이상의 증거금 손실이 발생하고 있다면 손절을 해야 합니다. 10% 초과손실은 이유 불문 손절입니다. 두 번의 기회가 없습니다.

물을 타면 안 되는 시간대가 존재합니다. 첫 번째, 아시아장에서는 물타기를 할 필요가 없습니다. 되돌림이 나오지 않기 때문입니다. 아시아장에서 물타기를 했다면 얼른 손절을 하고 비중을 다시 줄여야 합니다.

두 번째, 유로장에서는 되돌림이 종종 나옵니다. 유로장에서는 물타기로 수익 탈출이 가능할 수도 있습니다. 하지만 이때에도 구간을 지키는 것이 중요합니다. 저는 이 구간을 절댓값으로 정했습니다. 나스닥 100포인트, 골드 10포인트, 오일 1포인트, 유로달러 0.001 포인트, 달러엔 0.1 포인트입니다.

이 값은 장의 변동성에 따라 변합니다.

세 번째, 미장에서는 되돌림의 연속이며 원웨이 추세의 위험성을 내포하고 있습니다. 되돌림의 연속인 불확실성의 장에서는 살아나올 확률이 높습니다. 원웨이 추세에서는 로스컷을 설정하지 않았다면 손실이 급격하게 불어날 것입니다.

다시금 강조하지만, 어떠한 경우에서도 물타기는 하면 안 됩니다. 하지만 이미 진행을 했다면 최대 손실허용 금액을 설정한 후 급격히 손실이 불어나는 것을 대비해둘 것을 권장합니다.

2) 최대로 잃는 금액은 10%를 넘기지 않는다

제가 알려드리는 대로 거래하다 보면 빠르게 돈이 벌리거나 빠르게 돈을 잃을 것입니다. 그래서 수차례 강조하는 최대 손실허용 금액을 증거금의 10%로 한정지어야 합니다.

처음에는 벌고 잃고를 반복할 수밖에 없습니다. 그러나 제 유튜브에는 3천만 원으로 2억 원을 한 달도 안 되어서 벌었고, 시드 대비 20배를 벌었고, 또 70대 구독자분의 경우 한 달에 천만 원씩 연속 익절했다는 댓글이 달리고 있습니다. 이분들은 분명 주식시장에서 오랜 경험이 있을 것입니다. 제가 소개한 트레이딩 도구만으로도 수익을 냈을 수도 있습니다. 한편 트레이딩에 익숙하지 않은 사람은 재능이 있지 않은 한 수익을 내기까지 반드시 1년의 시간이 소요됩니다. 이건 제가 교육해본 사람들의 평균치이기에 더 짧을 수도, 더 길 수도 있습니다.

3) 202, 201 전략

1억으로 10억 원을 만들었다는 기법을 말하는 영상, 전자책, 블로그 글이 많지만 이들이 얼마씩 비중을 늘렸느냐에 대한 구체적인 이야기는 없습니다.

해외선물은 주식이나 비트코인과는 다르게 돈의 단위가 아닌 랏/계약 수로 진입합니다. 그래서 늘어가는 비중을 계산하기 쉽고, 풍부한 변동성이 있기 때문에 늘린 내 비중을 시장이 언제나 받아줄 수 있습니다.

저는 사람의 기본적인 성장 방식은 계단식 성장이라고 믿습니다. 그래서 서서히 랏/계약 수를 늘려나가는 방식이 그리 좋은 방법이라고 믿지 않습니다. 시드를 늘리는 좋은 비율을 202전략과 210전략으로 소개해 보려고 합니다.

① 202전략 : 20일 연승하면(일 결산) 비중 2배로 키우기

20거래일 연속 이익이라면 베팅하는 랏/계약 수를 2배로 늘려도 됩니다. 여기서 중요한 전제는 두 가지입니다. 하나는 20거래일 연속 익절이 나오지 않는다면 절대로 2배로 늘려서는 안 된다는 점입니다. 나머지 하나는 증거금을 초과하는 10% 이상의 손실을 허용했다면 반드시 원래의 비중으로 돌아와야 합니다. 이것은 돌발행동을 막기 위한 행동지침입니다. 비중이 커졌다고 해서 금세 원칙을 어기면 안 됩니다. 마음을 다잡고 원래의 비중으로 돌아와야 합니다.

② 210전략 : 200일 연승하면(일 결산) 비중 10배로 키우기

눈치챘겠지만, 210전략은 200거래일(1년) 연속 익절이라면 비중을 10배로 늘리는 것입니다. 1년간 손절한 적이 없다는 뜻이 아닙니다. 그날 하루를 익절로 마무리했냐 아니냐의 차이입니다. 연속이익 마감일이 늘어난 사람이라면 이미 충분히 비중이 늘어나 있을 거예요.

경험과 가르친 사람들의 추이를 봤을 때 200거래일 연속으로 익절하기까지는 3년 이상 걸립니다. 이 시기가 되면 나스닥 1포인트 / 오일 0.01 포인트 / 골드 0.1 포인트당 100만 원 이상의 이익과 손실을 감내하게 됩니다. 상당히 큰 자금으로 트레이딩을 하게 되는 것이죠.

김직선 팁(행동훈련) 트레이딩 연습 01

이 훈련은 1분봉을 보면서 더블바텀(쌍바닥)이 출연했을 때 하는 훈련입니다. 더블바텀은 매물대 형성을 의미하고 추세 전환을 의미합니다. 높은 확률로 가격 추세 반전을 보이므로 저는 초보자에게 이 훈련을 지속적으로 할 것을 권장합니다.

1분봉 쌍비 – 더블바텀 출현

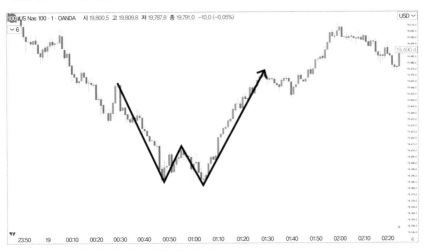

2024.09.19 01시 나스닥 1분봉 차트 / 호가 제공 OANDA

저는 이 훈련을 '1분봉 쌍비'로 명명했습니다.

1분봉에서 이러한 형태의 차트가 발생되면 매수를 하고, 해당 부분 가장 낮은 저가를 이탈하면 손절하거나 진입과 동시에 해당 구간에 손절 주문을 넣는 것입니다.

진입은 저가라고 생각되는 부근의 봉이 마감하고 나서 다음 1분봉이 내가 생각한 방향대로 출발하면 합니다. 익절은 약간의 이익이라도 발생되면 하는 것을 권장하지만 뒤에서 배울 목표구간 세팅을 통해서 목표가를 설정하면 됩니다. 그리고 로스컷을 올리면서 이익을 보존하는 것도 권장하고요.

트레이딩을 잘하려면 손실이 아닌 내 모든 예수금을 수수료로 쓰겠다는 마음가짐으로 거래 연습을 하라고 조언합니다.

OVERSEAS
FUTURES
INVESTING

우위를 가져다주는
기술적 도구들

변동성의 시작이
곧 매매 시점이다

1) 더블비의 탄생

지금 저의 차트 세팅에 남아 있는 보조지표는 볼린저 밴드를 활용한 더블비, 이동평균선, 이격도, RSI입니다. 대다수 의미 있는 변화를 이 4가지면 확인할 수 있기에 나머지는 모두 지웠습니다.

더 효율적인 방법을 찾기 위해서 많은 보조도구의 수치값을 연구했고, 지금의 세팅을 하게 되었습니다. 더불어 단 1개의 매매법만을 팠고 실행했습니다. 그동안 배운 모든 전략을 버린 것입니다.

캔들만 보고 매매해도 충분하다고 이야기하는 사람이 있는데, 재차 이야기하지만 재능을 타고난 사람과 우리 같은 '똥손투자자'는 구별되어야 합니다. 타고난 투자자는 가격차트에서 변화의 의미를 즉각 캐치할 수 있겠지만, 저로서는 도무지 따라 하기에 엄두가 나지 않았습니다. 그래서 저는 시장에서 수익을 낼 수 있는 차트 환경을 만들어낼 수밖에 없었던 것이죠.

더블비는 2가지의 볼린저밴드로 구성됩니다. 하나는 기본 볼린저 밴드의 값인 20/2/종가 세팅이고, 나머지 하나는 4/4/시가 세팅입니다. 이렇게 세팅하고 캔들 가격이 볼린저밴드 2개 모두에 닿았을 때부터 저의 거래가 시작됩니다. 제가 세팅한 볼린저밴드 상하단에 캔들이 위치해 있지 않다면 저는 가격 변동성이 없다고 판단합니다. 즉, 저는 변동성이 생긴 시점부터 거래를 합니다.

트레이딩뷰 볼린저밴드 터치

2023.11.01 15시 나스닥 1시간 차트 / 호가 제공: OANDA

횡보구간(검은색 박스)을 벗어나는 순간부터 높은 손익비의 추세가 나오는 것을 볼 수 있습니다. 급격한 가격 변동은 대부분 캔들이 볼린저밴드에 닿았을 때 시작됩니다. 저는 그 이유를 특정가격 범주를 벗어나려고 하기 때문이라고 정의합니다.

볼린저밴드는 90% 이상의 가격 움직임이 밴드 안에서 일어난다고 전제하고, 표준편차값을 세팅합니다. 저는 그래서 통계 외의 구간에서 움직임을 보

트레이딩뷰 인디케이터 볼린저밴드 검색창

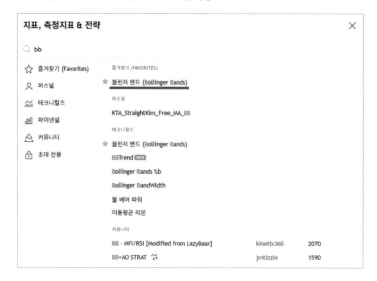

트레이딩뷰 볼린저밴드1 설정값

트레이딩뷰 볼린저밴드2 설정값

여주려고 할 때부터 거래합니다. 데이트레이딩에 적합한 빠른 이익 혹은 손절의 결론을 얻기 위함입니다. 그래야만 손익비가 높은 거래를 할 수 있습니다.

캔들이 더블비에 닿았을 때 저는 3가지 더블비로 분류하여 인식합니다. 이것이 돌파를 위한 '돌파 더블비'인지, 기존 추세를 유지하는 눌림인 상태의 '기본 더블비'인지, 추세가 바뀌는 시작점인 '변곡 더블비'인지 말입니다. 저는 추세장과 비추세장의 비율을 30대 70으로 분류했습니다. 사실 기본, 돌파, 변곡 더블비만으로는 이익을 길게 끌고 갈 것인지, 빠르게 이익을 보고 잘라내야 할지 여부를 알 수는 없지만 단서는 찾을 수 있는데요. 매물대 형성기간과 어느 시간대인지, 어느 요일인지, 어떤 지표를 앞두고 있는지로 세분화하여 식별한다면 가능합니다. 이 더블비의 세 가지 유형은 추세장과 비추세장에 모두 대응할 수 있는 트레이딩 도구입니다.

저는 데이트레이딩을 주로 하기 때문에 그날의 추세만을 보고 이것을 결정합니다. 저점을 높이고 있으면 기본 더블비 혹은 돌파 더블비이고, 과매수·과매도권에 들어와 있고 더블비에 닿고 있으면서 주요 매물대가 함께 존재하면 변곡 더블비 부근이라고 여깁니다.

2) 더블비 실전 매매 활용법

1. 돌파 더블비 + 돌파 캔들 + 고가·저가의 박스

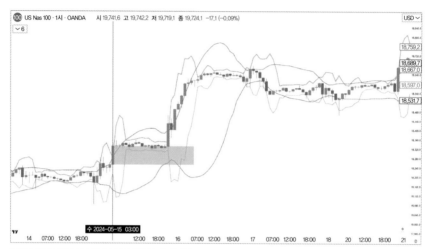

2024.05.15 03시 나스닥 1시간 차트 / 호가 제공 OANDA

특정 고점을 확실하게 넘어서고 더블비를 찢고 돌파마감한 1시간봉 캔들
에 박스를 치고 매매하면 진입 결정을 하기에 좋습니다.

2. 변곡 더블비 + 변곡 캔들(망치형) + 고가 및 중심값에 지지선 세팅 – 변곡형

2024.03.12 22시 나스닥 1시간 차트 / 호가 제공 OANDA

　　더블비 위치에서 망치형 캔들이 출연한 이후 가격의 추세가 바뀐 것을 확인할 수 있습니다. 직접 차트를 찾아보면서 반복 숙달해야 합니다.

3. 추세형 더블비 + 망치형 캔들

2023.12.14 04시 골드 1시간 차트 / 호가 제공 OANDA

더블비 부근에서 추세 반전형 캔들 2개 다음에 밑꼬리 없이 꽉찬 양봉, 망치형 도지캔들이 더블바텀을 만들어주고 나서 큰 시세가 나오는 것을 확인할 수 있습니다.

2 모든 캔들은 3가지 의미로 담을 수 있다

OVERSEAS FUTURES INVESTING

캔들을 볼 때 저는 단 3가지로만 분석합니다. 그것은 꼬리가 있는 캔들, 꼬리가 없는 캔들, 도지캔들입니다.

1) 꼬리가 있는 캔들의 경우

2024.10.02 01시 나스닥 1시간 차트 / 호가 제공 OANDA

꼬리가 있는 캔들은 이후에 가격이 반등하는 등 추세가 반전될 가능성을 보입니다.

2) 꼬리가 없거나 거의 없는 캔들의 경우

2024.09.13 01시 나스닥 1시간 차트 / 호가 제공 OANDA

꼬리가 없는 캔들은 해당 방향으로의 추세가 강력하다는 뜻을 내포하고 있습니다. 그렇기 때문에 해당 추세로의 지지-저항으로 활용할 수 있습니다.

3) 도지 캔들의 경우

캔들에서의 꼬리는 반대 방향의 자금이 들어왔다고 해석합니다. 만약 음

2024.10.04 10시부터 나스닥 1시간 차트 / 호가 제공 OANDA

봉캔들에서 밑으로 긴꼬리가 생겼다면 매수 자금이 들어왔다고 생각하고 이제 주요 매물대라고 생각할 수 있습니다.

반대로 큰 양봉에 윗꼬리가 생겼고 위로 매도벽이 쌓여있다면 마찬가지로 큰 매도세 매물대가 쌓였다고 생각합니다. 이건 음봉+윗꼬리 조합도 마찬가지이고, 양봉+아랫꼬리 조합도 마찬가지입니다.

이런 꼬리의 해석은 큰 시간대의 캔들차트로 갈수록 큰 의미가 있습니다. 1시간봉 이하에서는 큰 의미가 없습니다.

도지캔들은 음봉형 도지, 양봉형 도지, 추세 전환형 도지로 구분합니다.

음봉형 도지의 경우에는 어느 정도 몸통이 진행되는 과정에서 봉마감한 경우입니다. 이 경우에는 하락조정이 멈췄다, 상승변곡 지점이다라는 식의 해석을 하지 않습니다. 오직 추세 전환형 도지에서만 의미를 부여하고 진입의 근거로서 활용합니다.

2024.10.09 17시 나스닥 1시간 차트 / 호가 제공 OANDA

위의 차트는 왼쪽부터 추세형-기본 더블비에서 도지형 캔들(매수 지속형 우위) 출연 이후에 추세가 상승으로 이어지고 있습니다. 더블비와 캔들을 활용해서 이평선에서 지지받고 상승할 것을 미리 전망해볼 수 있겠죠?

오른쪽 박스는 변곡형-더블비에서 박스 왼쪽의 고점을 못 깨고 상승이 멈추는 도지형 캔들이 나타나고 이평선을 강하게 하락돌파하고 있는 모습입니다. 더블비와 캔들, 지지 저항(매물대)를 활용해서 이평선을 하락돌파할 것을 미리 전망해볼 수 있겠죠?

이동평균선과 추세선은 가까워지거나 깨진다는 관점으로 바라봅니다. 가격은 일정한 추세를 탈 수밖에 없기 때문에 추세를 보여주는 이평선과 추세선에 가까워지고 멀어지는 것입니다. 이평선과 '충분히' 멀어졌다면 가까워지게 되고, 이평선과 '충분히' 가까워졌다면 이평선은 깨지거나 유지됩니다.

여기서 '충분히'의 해석과 깨지거나 유지된다에 대한 판단 기준이 필요합니다. '충분히'를 해석할 때는 더캔이지추격깨[더블비, 캔들, 이동평균선, 지지 저항(매물대), 추세선, 이격도, 깨(그날의 시가/고가/저가를 깼는지 여부)]의 도구를 통해 매수 우위인지 매도 우위인지를 판단할 수 있습니다.

'이평선에서 지지받겠지' 또는 '추세선에서 지지받겠지' 하는 생각을 버리고 깨질 수 있다는 관점으로 접근한다면, 닿았을 때 바로 진입하기보다는 좀 더 확실한 신호를 보고 진입할 수 있습니다. 정리하면,

1) 이평선 추세선이 무조건 지지(또는 저항)해 줄 거라 믿지 말고, 언제든 깨질 수도 있다고 가정한다.
2) 가격이 실제로 그 선(추세선, 이평선)에 닿는 '중요 시점'에서 성급하게 진입하지 않는다. 이 시점이 변동성의 시작점이라고만 인지한다.
3) 이미 보유 중인 포지션이 있다면 미리 잡아둔 목표가(이평선, 추세선)에서 수익을 실현하고 관망한다.

추세선과 캔들 가격과 가까워질 때, 해당 선이 깨질 가능성을 고려하여 목

표가를 설정해야 합니다. 그러면 변곡점(캔들이 이평선/추세선과 붙은 상태)에서는 진입 결정을 보류하고, 해당 이평선/추세선까지만 이익을 내는 거래를 할 수 있습니다.

4 박스를 지지하는지 여부가 중요하다

OVERSEAS FUTURES INVESTING

1) 매물대의 함정

매물대는 체결된 포지션들이 많이 형성되어 있는 가격대를 뜻합니다. 보통은 고점과 저점에 매물대가 가장 많습니다. 그러나 중간 지점도 많은데, 가격이 상승하는 척하다가 빠진 구간, 하락하는 척하다가 상승한 구간이기 때문입니다.

매물대에 물려 있는 사람들의 투자 심리를 생각해보겠습니다. 10시간 이상 물려 있었는데 본전 가격에 도달했다면 그 사람은 추가 진입을 할까요, 아니면 자신의 포지션을 던져버릴까요? 저는 시장에는 훈련된 투자자가 훨씬 적다고 믿기 때문에 매도할 것이라고 생각합니다. 재진입하더라도 팔고 나서 다시 생각할 확률이 높습니다.

이런 심리 기반 아래 다양한 알고리즘이 마켓메이커를 위해 활발하게 작동됩니다. 즉 저는 전고점에 오면 일단 조정을 준다고 생각합니다. 또한 전저점에 이르면 일단 반등을 준다고 생각합니다. 이유는 많은 사람이 그 가격대에서 어떤 식으로든 의사결정을 하기 때문입니다.

　그런데 이러한 기술적 분석이 작동되지 않는 빅 이벤트 지표들이 있습니다. 이런 때는 거래를 피해야 합니다. 명확한 방향이 있을 때에만 거래를 해야 도박이 아닌 분석 기반으로 매매하는 것이고, 그를 통해 돈을 벌 수 있습니다.

2) 거짓 신저점 구별하기

　선물시장에서 가격이 계속 올라 신고점에 도달했다는 것은 가격이 상승하고 있다는 신호입니다. 반대로 가격이 계속 떨어져 신저점에 도달했다면 가격이 하락하고 있다는 뜻입니다. 하지만 가끔은 가격이 신저점이나 신고점을 만들었음에도 반대로 움직여서 우리를 힘들게 하곤 합니다.

　예를 들어, 가격이 신저점에 도달했는데 한동안 그 지점에 머무르는 경우입니다. 이런 상황은 손실을 보지 않게 하지만, 결정을 내리기 어렵게 만들어서 시간을 잃게 합니다.

① 구별할 수 있는 팁
　가격이 신고점이나 신저점을 만들 때 저는 '박스'라는 방법을 씁니다. 예를 들어, 가격이 신저점에 도달하면 그 시간대의 차트에 박스를 그려놓습니다. 그리고 가격이 그 박스를 지지하는지 여부를 확인하고, 거래 결정을 내립니다.

2023.09.28 15시 나스닥 1시간 차트 / 호가 제공 OANDA

만약 저점을 갱신했는데 이 1시간봉의 박스를 깨고 한번 더 하락한 후 상
승한다면 이전에 더 유의미한 매물대가 있었거나 돈으로 올려버린 것입니
다. 이런 날은 데이트레이더인 나와 맞지 않는 날입니다. 보통 이렇게 까다
로운 날은 FOMC/비농업지표와 같은 난이도 높은 경제지표 발표를 앞둔 경
우가 많습니다. 몇 차례 강조하지만 변곡 매매 자체를 피해야 합니다.

기술적 분석으로 매매하는 우리는 매물대 혹은 저점·고점에 캔들가격이
오면 매수 혹은 매도를 하려고 합니다. 이유는 습관적으로 이 자리에서 수익
경험을 해봤기 때문에 '신뢰'가 생긴 것입니다. 그러나 내가 생각한 것이 당
연히 작동하리라는 믿음 때문에 움직였다가는 시장에 당하고 맙니다. 그래
서 저는 해당 구간에 박스를 치고 그 캔들이 지지 혹은 저항하는지 혹은 해
당 추세가 이어지고 있는지를 관찰한 뒤에야 진입합니다. 이게 제가 승률을
높이는 방법입니다. 물론 다 확인한 뒤에 들어가면 늦을 수 있지만, 잃을 확
률은 충분히 줄어듭니다.

② 휩쏘에 내 돈을 홀딩하지 마라

시장이 가격을 갱신하는 듯하다가 갑자기 방향을 틀어버리는 현상을 '휩쏘'라고 합니다. 설명으로도 느껴질 테지만 휩쏘 여부를 확인할 방법은 없습니다. 그래서 상승 추세에서 급격한 음봉이 출현한다면 매도하여 수익을 보존하는 것을 추천합니다. 특히 1시간 미만의 단기 거래에서 많이 나타나는 편입니다. 바닥을 예측하기보다는 적당히 중간에 들어가서 중간에 빠져나와야 합니다.

휩쏘에 당하지 않는 방법은 내가 지금 들어가고 싶은 가격보다 10~30포인트 더 빠질 때까지 기다렸다가 진입하는 것입니다. 그러면 거래에 임하는 마음이 한결 수월해집니다. 저 같은, 거래를 잘 못하는 투자자들이 이 변동성 거래에 많이 참여하기 때문에 마켓메이커는 충분히 이를 이용하기 좋은 타이밍이라 여깁니다.

분석하기를 좋아하는 사람들은 각각의 휩쏘의 길이를 연구할 수도 있겠지만 제 경험상 이건 정량화해서 만들기 어렵습니다.

휩쏘(Whipsaw)

휩쏘는 시장이 한 방향으로 급격하게 움직이다가 반대로 전환되는 현상을 의미합니다. 시장의 심리와 변동성을 이해하는 데 중요한 도구이므로 이를 활용하여 시장의 추세와 변동성을 파악하면 효과적인 투자 전략을 수립하는 데 도움이 됩니다.

휩쏘가 나타나면 주가가 지지선이나 저항선을 돌파하는 듯 보이다가 다시 반대로 움직여 투자자들을 혼란스럽게 만듭니다. 시장 변동성이 높거나 주요 경제 지표 발표 등으로 인해 시장 심리가 급변할 때 발생합니다.

이에 대응하기 위해서는

- **기술적 분석 활용**: 이동평균선, 지지선 및 저항선 등을 활용하여 시장 추세를 파악합니다.
- **리스크 관리**: 손절매 주문을 설정하여 예상치 못한 손실을 제한합니다.
- **분할 매매**: 한 번에 모든 자금을 투자하기보다는 분할 매매를 통해 리스크를 분산시킵니다.

5 추세 확인하는 방법

OVERSEAS FUTURES INVESTING

추세선이란 종목이 일정한 방향으로 나아가는 것을 뜻합니다. 추세선의 기본 원리는 한 방향으로 지속될 것이라는 시장참여자의 믿음에 기반합니다.

- 고점을 낮추고 있을 때는 고점과 고점을 이어 추세선을 만들 수 있습니다.
- 저점을 높이고 있을 때는 저점과 저점을 이어 만들 수 있습니다.

1) 하락 추세선

하락 추세선 – 고점을 낮추고 있는 모습

2024.01.02 22시 나스닥 1시간 차트 / 호가 제공 OANDA

2) 상승 추세선

상승 추세선 − 저점을 높이고 있는 모습

2023.12.07 09시 나스닥 1시간 차트 / 호가 제공 OANDA

    상승 혹은 하락 추세선에 닿을 때는 해당 추세선 방향대로 진입을 고려해야 합니다. 만일 해당 추세선이 깨지면 추세가 전환될 수 있다고 생각해야 합니다.

    추세가 오랫동안 유지된다면 조정 또는 전환이 나올 수 있습니다. 이것의 평균치를 내는 것은 의미가 없고, 깨고 나서의 해당 추세선이 지지 혹은 저항으로 바뀌는지를 확인해야 합니다.

    추세에 대한 트레이딩 팁을 하나 배워보겠습니다.

    추세선의 기울기가 가팔라지면 상승 혹은 하락의 속도가 빨라집니다. 추세선의 기울기가 가팔라지면 상승(또는 하락)의 속도가 빨라집니다. 이는 시장참여자들이 깊은 조정 없이 해당 방향으로 갈 것이라 보기 때문에 가격이 크고 빠르게 움직입니다. 강한 추세가 형성되었음을 나타냅니다.

3) 추세선 실전

지금까지 배운 더블비와 캔들, 차트 패턴, 추세선을 함께 활용해서 진입 시 4가지 근거를 확인해보겠습니다.

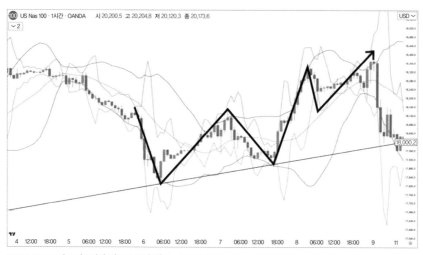

2024.03.07 나스닥 1시간 차트 / 호가 제공 : OANDA

2023-11-30 나스닥 1시간봉 차트 / 호가 제공 : OANDA

더블비에 캔들 가격이 위치해 있으면서 상승 추세이고, 더블바텀 패턴이 확인되고 망치형 캔들까지 확인되는 시점에는 매수 진입을 해서 이익을 챙길 수 있습니다.

헤드앤숄더 패턴이면서, 더블탑 패턴이고, 고점을 낮추는 하락 추세에 있으면서 더블비에 위치한 부근이고 역망치형 캔들이 출연해 변곡을 알리는 두 번째 고점 부근에서 진입해 볼 수 있습니다.

4) 장단기 분봉의 추세선

5분/1시간/2시간/4시간 봉의 캔들차트에서 한 번 그린 추세선이 다른 시간프레임에서도 작동하는지 확인해야 합니다.

4시간봉에서 그린 추세선

2024.09.10 22시 골드 4시간 차트 / 호가 제공 OANDA

2시간봉에서 그린 추세선

2024.09.10 22시 골드 2시간 차트 / 호가 제공 OANDA

1시간봉에서 그린 추세선

2024.09.10 22시 골드 1시간 차트 / 호가 제공 OANDA

5분봉에서 그린 추세선

2024.09.10 22시 골드 5분봉 차트 / 호가 제공 OANDA

　이렇게 여러 장단기 분봉에서 추세선을 확인하는 이유는 해당 구간에서 다른 시간 기준에서 앞에서 배운 투자 근거들이 더해지면 더 높은 확률로 해당 추세가 지속될 것이라고 인식할 수 있기 때문입니다.

5) 추세는 예측하는 것이 아니다

　추세는 예측하는 게 아닙니다. 최소 2번 고점 혹은 저점에서 추세가 형성된 것을 확인하고 들어가야 합니다. 확인하지 않고 들어가면 언제든 추세가 반전될 수 있습니다. 내가 그린 추세선이 3~4번 지지를 받는다면 반전이 일어날 수도 있다고 생각하면서 매매하세요.

① 생각한 대로 선물가격이 움직이지 않을 때

저 역시 제가 활용하는 도구로 상승 추세 혹은 하락 추세를 정확히 확인하고 진입했음에도, 여러 경제지표의 발표 또는 만기 혹은 끝까지 파악하지 못한 탓에 제가 생각한 방향대로 선물가격이 움직이지 않을 때가 있습니다. 그럴 때 저는 가차 없이 손절합니다. 제 모든 경험과 거래 방법과 통계에 입각했을 때 상승인데도 불구하고 실제로는 나스닥 유로 100포인트, 골드 10포인트, 오일 1포인트 이상 하락한다면 저는 버티기보다는 바로 인정하고 손절합니다.

반복적으로 강조하는 이유는 앞으로 알려드릴 매매법보다 이 사실이 중요하기 때문입니다. 거래하는 당사자인 나를 시장에 맞춘다는 건 내가 틀렸다는 것을 인정하는 행위이고, 내 전망과 시장이 같은 방향으로 움직인다면 빠르게 익절하기보다는 스탑로스를 올리면서 포지션을 가져가고 있습니다.

② 추세를 활용한 거래 방법

거래 방법은 3가지입니다.

> 1) 증거금의 10%를 절대 손절 기준으로 설정한 후 상승 또는 하락 추세가 유지될 것으로 판단하고, 더블비 도달 여부와 무관하게 진입하는 방법

> 2) 증거금의 10%를 절대 손절 기준으로 설정한 후 상승 또는 하락 추세가 유지될 것으로 판단하고, 특정 가격대(더블비+매물대 or 원비, 더블비 or 가장 가까운 저가에서 고가까지, 고가에서 저가까지이거나 해당 장의 저가에서 고가, 고가에서 저가의 30%, 50%, 70%, 90% 되돌림 가격)에서 주 추세대로 진입하는 방법(과도한 비중으로 진입하는 뇌동 매매를 방지할 수 있는 시나리오 매매에

속하며, 손익비 측면에서 가장 유리한 방법이기도 하다. 진입하고 바로 수익으로 전환되지 않는 경우가 대부분이기 때문이다)

3) 전일/당일/장별(아시아, 유럽, 미국) 최근 1시간봉 차트에서의 고가/저가 또는 보다 큰 시간봉 차트의 더블비 부근에서 증거금의 10%를 절대 손절 기준으로 설정하고, 1시간봉에서 특정 차트 패턴이 형성되면 해당 패턴이 가리키는 방향으로 진입하는 방법

+a) 증거금의 1%를 기준 삼아 매물대를 구간별로 설정한 후, 매물대 그리드(매수 포지션이라면 평단가보다 낮은 가격대에 지정가 주문을 걸고, 매도 포지션이라면 평단가보다 높은 가격대에 지정가 주문을 거는 행위) 매매를 수행하는 방법(단 무작위 진입이 아니라 시나리오에 기반한 추가 진입 전략을 병행해야 한다)

모든 거래 방법에 손절이 먼저 고려된다는 점을 반드시 확인하길 바랍니다. 일봉이든, 주봉이든, 월봉이든 도지 캔들(시작과 마감이 같거나 거의 같은 경우)을 제외하고는 모든 캔들에는 방향이 있습니다. 캔들의 방향은 여러 타임프레임의 고점과 저점을 높이거나 낮추는 것으로 파악이 가능합니다.

이렇게 방향을 파악한 후에 더블비에서 베팅하면 됩니다. 선물은 매수와 매도 모두 할 수 있기 때문에 방향을 파악하는 게 중요합니다. 방향을 잘 파악했음에도 성급하게 진입한다면 포지션을 손절해야 하고, 이후에 내가 생각한 방향대로 가는 것을 지켜보기만 할 수 있기 때문에 감당할 수 있는 비중으로 더블비 등 진입 시점까지 충분히 기다리는 것이 중요합니다.

6 나의 이격도 활용법

이격도는 현재 가격(캔들)과 이동평균선과의 시세 차이(괴리감)을 나타냅니다. 결국 가격은 어느 지점에선 이동평균선(시장참여자들의 평균가격)에 회귀하게 되어 있습니다. 하지만 이것을 섣부르게 판단하여 잡으면 가격과 이동평균선의 괴리감이 가속화되는 지점에서 큰 손실을 입을 수 있습니다.

2024-09-11 나스닥 1시간 차트

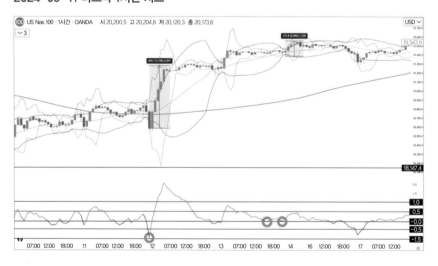

그래서 저는 이격도를 가격과 시장참여자들의 괴리율 정도로 보고, 이것이 좁혀질 수 있는 단서[다이버전스 혹은 이격도 자체의 절댓값(0, 1, 1.5, 2, -1, -1.5, -2 등의 값)]에서 변곡을 주며 좁혀지는 추세가 생길 수 있는지를 확인하기 위해서 씁니다. 상승 추세(저점을 높이든지 가격이동평균이 우상향하든지, 각 장의 고점을 깨든지 등)에서는 0, 0.5, 1, -0.5, -1 값과 같은 곳에서 지지를 받는지 여부에 집중하고, 반대로 하락 추세에서는 해당 값에서 저항이 일어나는지에 집중합니다.

7 선물거래만의 추세 확인법

OVERSEAS FUTURES INVESTING

앞서 설명했듯이 선물거래는 아시아장, 유로장, 미국장이 있기 때문에 시가가 하루 3번 있습니다. 물론 저가, 고가, 종가도 마찬가지입니다. 각 장의 고가를 현재의 장이 돌파하여 마감한다면 이것은 상승 추세를 뜻합니다.

각 장이 연속적으로 고점을 갱신하면서 상승 추세를 이어나가는 모습

2024-09-10~18 나스닥 1시간 차트

한편 전 장의 저가를 현재의 장이 하락 돌파한다면 1개장 이상이 지속 하락할 수 있습니다.

이렇게 일봉 기준의 시가 여부, 어제 장의 시가/고가/저가의 돌파 여부도 중요하지만 각 장의 고가/저가 갱신 여부, 시가 지지 여부 등도 방향을 읽는 데 활용할 수 있습니다.

선물거래를 하는 데 있어
가장 먼저 배워야 할 규칙

1 자신만의 손절 규칙을 정해야 한다

OVERSEAS FUTURES INVESTING

여기서 소개하는 트레이딩은 포지션 트레이딩이라고 할 수 있습니다. 방향성에 돈을 넣는 것이기 때문입니다. 그 방법으로 수익을 얻고자 앞서 여러 도구를 배웠습니다.

앞에서 배운 도구들은 방향을 분석해서 우위를 판단하는 데 도움을 줍니다. 이제 무엇이 남았을까요? 바로 분석이 틀렸거나 시장이 분석대로 움직이지 않을 때를 위한 손절 주문을 세팅하는 일입니다. 앞서도 손절에 대해 배우긴 했습니다만 여기서 보다 자세히 이야기해 보겠습니다.

보통 매수 방향이라면 가까운 저가 혹은 주요 저가를 판단해서 해당 가격을 이탈하면, 매도 방향이라면 가까운 고가 혹은 주요 고가를 판단해서 해당 가격을 이탈하면 손절합니다. 즉 매물대를 활용한 손절로, 두루 알려져 있고 높은 손익비를 보여줄 때가 많은 방법입니다.

하지만 매매를 하다 보면 매물대 이탈 지점에 손절 주문을 한 내 포지션만 털어버리고, 생각한 방향대로 가는 것을 많이 경험하게 됩니다. 손절 주문을 내는 것을 꺼려하는 투자자가 많은 것도 어쩌면 이런 이유에서일 것입니다.

이 챕터에서는 매물대 손절에 대한 방법과 새로 진입할 때 사용하는 도구를 활용한 손절하는 법 그리고 계좌 증거금의 증감을 활용해서 손절하는 방법을 알려드리겠습니다. 실제로 저는 이 방법만을 사용합니다.

2 김직선의 손절 규칙 3가지

OVERSEAS FUTURES INVESTING

1) 승률과 손익비를 활용한 파산 확률 도출법

주식이든 코인이든 선물이든 파산할 확률을 꼭 계산해야 합니다.

파산 확률을 계산하기 위해서는 승률과 손익비를 알아야 합니다. 아마 거래하는 투자자라면 자신의 과거 매매 내역을 기반으로 승률과 손익비를 산출할 것입니다. 그렇다면 거래 경험이 없는 예비 투자자는 어떻게 해야 할까요? 자신이 정한 진입과 손절 전략의 승률과 손익비를 과거 가격차트를 통해서 도출해야 합니다. 그래야 파산 확률도 알아낼 수 있습니다.

- 승률(P): 예상되는 거래에서의 성공 확률
- 손익비(R): 평균 이익 / 평균 손실 비율
- 손익비가 높을수록(즉, 평균 이익이 평균 손실보다 많을수록) 파산 확률이 낮아집니다.

일반적으로 파산 확률은 다음과 같이 계산됩니다:

$$P() \approx \left(1 - \frac{1}{R}\right)^N$$

(가운데 물결기호는 '근사값을 찾을 때 사용하는 기호')

승률이 30%이고 수익을 볼 때 2를 얻고 손실을 볼 때 1을 잃는 투자자라면 거래할수록 돈을 잃게 됩니다. 반면 승률이 40%이고 수익을 볼 때 2를 얻고 손실을 볼 때 1을 잃는 투자자라면 10번 거래 시 내 계좌는 10%씩 증가합니다. (이와 관련해서는 자본 손실 과정에서 설명드리겠습니다.)

승률과 손익비에 따른 적정한 베팅금액을 찾기 위해 켈리 공식을 활용할 수 있습니다.

2) 켈리 공식

- (f^*): 자본의 최적 비율
- (b): 베팅 배당 (이익 비율)
- (p): 승률
- q = 1 - p : 패배 확률

$$f^* = \frac{bp - q}{b}$$

내 승률이 40%이고 수익을 볼 때 2를 얻고 손실을 볼 때 1을 잃는 투자자라면, 켈리 공식에 따라 최적의 베팅 비율은 20%가 됩니다. 즉 내 자금의 20%씩 베팅하면 장기적으로 자금이 기하급수적으로 증가하게 됩니다.

하지만 이 켈리 공식대로 거래할 경우 현재 시장의 변동성(일봉 기준이라면 고가와 저가 간 가격 차이)이 증가하거나 레버리지가 포함된 선물상품의 특성을 반영하지 못해서 방향은 맞췄으나 잦은 손절로 이어지기도 합니다. 항상 일정한 승률과 손익을 유지하기 어려운 트레이딩 특성상 산술적으로만 가능한 매매를 하게 될 가능성이 높습니다.

이렇기 때문에 내 승률과 손익비를 알아야 합니다. 켈리 공식이 실전 매매에서 잘 작동하지 않는 이유는 내 승률과 손익비를 활용했더라도 '최대 손실감내 금액'을 설정하지 않았기 때문입니다. 몇 번 이야기했지만 최대 손실감내 금액은 자본금의 10%를 초과해서는 안 됩니다. 그래서 제가 책에서 줄곧 최대 손실감내 금액을 설정하라고 이야기하는 것입니다. 자본금으로 100만 원이 있고 증거금의 10%를 최대손실로 가져간다면, 10번의 기회만 있는 것 같다고 느끼겠지만 실제로는 다릅니다.

3) 자본 손실 과정

1. 초기 자본: 1,000,000원
2. 1차 손실: 1,000,000 × (1 - 0.10) = 900,000원
3. 2차 손실: 900,000 × (1 - 0.10) = 810,000원
4. 3차 손실: 810,000 × (1 - 0.10) = 729,000원
5. 4차 손실: 729,000 × (1 - 0.10) = 656,100원

6. 5차 손실: 656,100 \times (1 - 0.10) = 590,490원

7. 6차 손실: 590,490 \times (1 - 0.10) = 531,441원

8. 7차 손실: 531,441 \times (1 - 0.10) = 478,296.9원

9. 8차 손실: 478,296.9 \times (1 - 0.10) = 430,467.21원

10. 9차 손실: 430,467.21 \times (1 - 0.10) = 387,420.49원

11. 10차 손실: 387,420.49 \times (1 - 0.10) = 348,678.44원

12. 11차 손실: 348,678.44 \times (1 - 0.10) = 313,810.60원

13. 12차 손실: 313,810.60 \times (1 - 0.10) = 282,429.54원

14. 13차 손실: 282,429.54 \times (1 - 0.10) = 254,186.58원

15. 14차 손실: 254,186.58 \times (1 - 0.10) = 228,767.92원

16. 15차 손실: 228,767.92 \times (1 - 0.10) = 205,891.13원

17. 16차 손실: 205,891.13 \times (1 - 0.10) = 185,301.92원

18. 17차 손실: 185,301.92 \times (1 - 0.10) = 166,771.73원

19. 18차 손실: 166,771.73 \times (1 - 0.10) = 150,094.56원

20. 19차 손실: 150,094.56 \times (1 - 0.10) = 135,084.91원

21. 20차 손실: 135,084.91 \times (1 - 0.10) = 121,576.42원

22. 21차 손실: 121,576.42 \times (1 - 0.10) = 109,418.78원

실제로 50회차 넘게 손실을 보더라도 파산하지는 않습니다. 연속해서 10%씩 손절을 한다 하더라도 22회차의 내 계좌에는 10% 넘게 남아 있습니다.

물론 위는 단 한 번의 수익도 없이 연속해서 10%씩 손실이 났을 때를 가정한 것입니다. 즉 승률이 30%만 되어도 최대 손실감내 금액 이상으로 수익(수익 또한 감내라는 표현을 씁니다. 초보 투자자들은 수익이 나면 바로 팔아버리기 때문입니다)을 본다면 성공한 투자자가 될 수 있습니다.

4) 반대 우위 더블비

반대 우위 더블비를 활용한 손절은 현재 매수포지션을 가지고 있지만 매도 우위의 진입 시점을 바라보고 있을 때 합니다. 다만 이 경우 손절주문이 미리 세팅되어 있지 않으면, 포지션을 스위칭하거나 손절을 실제로 하기는 어렵습니다.

그렇기 때문에 반드시 적은 돈으로 반대우위의 자리에서 손절을 해보는 것을 권장합니다. 모든 분야가 그렇겠지만, 특히 실전매매에 있어서는 인간 본성을 역행하기 때문에 반드시 행동훈련이 병행되어야 합니다. 머리로 아는 지식은 지식에 불과합니다. 실전에서 나에게 돈을 벌어다 주지는 않습니다.

네모 박스 기준으로 왼쪽 4번째 캔들을 보시죠. 음봉 윗꼬리 캔들이 그려져 있습니다. 이를 매도 신호로 보고 진입했는데 네모 박스의 캔들이 출현했습니다. 확연한 매물대 이탈과 더불어 음봉 윗꼬리 고가마저 돌파했습니다.

매도 포지션 진입 이후 매수 방향 돌파 더블비 출현 모습

2024-03-21 03시 골드 1시간봉 차트 / 호가 제공: OANDA

이는 손절하라는 뜻입니다.

5) 매물대 이탈 시 손절

매물대 이탈 시 손절은 진입과 동시에 손절 여부를 식별할 수 있기에 가장 마음이 편한 방법입니다. 그리고 한번 추세를 타면 손절로 행해질 손실 금액보다 이익이 5배, 10배가 넘는 경우도 일주일에 1번 이상은 찾아옵니다. 트레이딩 팁으로 알려드린 '더블비-훈련'이 이 손절 규칙에 기반하고 있습니다. 매물대에는 반드시 지지와 저항으로 1번 이상 작동하는 시장심리가 존재하기 때문에 쓸 수 있는 방법입니다.

매수 포지션 진입 이후 매도방향 매물대 이탈 모습

2024-04-29 10시 골드 1시간봉 차트 / 호가 제공: OANDA

왜 손절을 잘해야 할까요? 첫 번째, 손절을 해야 물려 있을 때 할 수 있는 게 있습니다. 두 번째, 첫 번째와 연결되는 말이지만 기회를 포착할 수 있습니다.

이 책에서 배운 도구로 승률도 50% 이상으로 높아졌고, 이익 나는 거래를 많이 하고 있다고 가정해봅시다. 다만 여전히 손절은 하고 있지 않습니다. 어쩌면 그래서 더 많은 이익을 챙겼을지도 모르지만, 언젠가 많은 금액을 투입했기 때문에 물리는 순간이 옵니다. 그때 손절하지 않았다는 '단 하나의 이유'만으로 이익 나는 거래를 할 수 있는 모든 기회가 눈앞에서 지나가는 것을 보고만 있게 됩니다. 만약 손절을 했다면 전략에 포착된 종목에 재진입을 할 수도 있을 것입니다. 그 과정에서 수익을 보았을 케이스가 보일 수도 있습니다.

현재 10% 이상의 손실을 보고 있다면 세 가지 이유 때문일 겁니다. 비중을 많이 실었거나 방향을 잘못 읽었거나 진입이 너무 빨랐던 겁니다. 물론 예외도 있습니다. 기술적 분석을 역행하는 큰 이벤트, 이슈(각종 지표 발표일, 장 개시 전 포지션 보유, 전쟁 등)입니다. 이외에는 없습니다. 그래서 단순하게 사고할 수 있도록 최대 손실감내 금액을 설정해서 포지션을 과감히 잘라내야 합니다. 이 범위를 벗어났다가 수익으로 전환되는 경우를 자주 겪는 것 자체가 독이 되는 경우가 많습니다.

이것이 손절을 잘해야 하는 세 번째 이유인데요. 손절을 하지 않으면 큰 자괴감을 느낄 수 있습니다. 후회로 대변되는 자괴감이라는 감정이 고개를 드는 순간이 손절할 때입니다. 당연히 지금이라도 늦지 않았습니다. 돈을 벌기 위해서 하는 트레이딩에서 굳이 자괴감을 겪을 필요는 없습니다. 이미 설정한 리스크만 감내하고, 초과되었다면 내 계좌를 피신시켜야 합니다.

마지막 네 번째 이유는 증거금의 20%를 넘기면 기회가 두 번 다시 주어지지 않을 수 있다는 것입니다. 이렇게 말씀드리면 많은 분이 증거금의 20%를 넘긴 것이니 나머지 80%로 하면 되지 않느냐고 생각할 겁니다. 그러나 강력히 권고하건대 증거금의 20% 손실을 허용한다면, 그 사람은 빠른 시일 내에 모든 증거금을 날릴 것입니다.

최대로 10%까지만 허용하고 더 적은 돈을 손절하는 것은 전혀 문제가 되지 않습니다. 절대로 증거금의 20%를 손실로 떠안지 마십시오. 20% 이상의 손실을 감내하는 순간 단 10번의 거래 만에 내 전체 예수금은 10%로 쪼그라들게 됩니다. 손실을 많이 허용하면 할수록 시장에서 강제 퇴장당하는 순간이 가까워진다는 것을 명심해야 합니다.

트레이딩에 대한 두려움을 없애주는 손절 기준

OVERSEAS FUTURES INVESTING

저는 진입과 동시에 손실을 확정해둡니다. 이것이 제가 선물거래에 휩쓸리지 않는 심리적 장치입니다.

많은 사람과 온라인에서 소통하다가 새롭게 알게 된 놀라운 사실이 하나 있습니다. 생각보다 많은 사람이 손실에 관대하다는 사실입니다. 즉 그들은 로스컷을 걸지 않고 자신이 생각한 방향대로 시장이 갈 것이라고 강하게 확신하기 때문에, 왜 손실을 확정지어야 하는지 그 이유를 되레 궁금해합니다. 또 그들 중 대다수는 로스컷을 잡지 않은 덕분에 수익으로 전환한 경험을 자랑스럽게 공유했습니다.

저는 그 순간 놀랐습니다. 우리가 우선적으로 배울 것은 수익을 내는 방법이 아닌 손실을 막는 방법입니다. 10번 익절을 하더라도 한번 포지션을 잘못 잡으면 수익금뿐만 아니라 시드를 다 뱉어내고 사라질 수 있기 때문입니다.

그래서 저는 포지션을 진입하자마자 손절을 걸어야 한다고 이야기합니다. 저에게는 100/10/1의 종목별 기준이 있지만 이것마저 너무 크다고 느껴진다면 더 짧게 잡아도 됩니다.

손절 주문은 차트에 빨려 들어가지 않도록 해줍니다. 손절을 걸지 않고 매매에 임할 경우 포지션을 잡은 순간부터 지속적으로 차트를 볼 수밖에 없지만, 잃을 금액이 확정되어 있는 경우에는 이야기가 완전히 달라집니다.

급격하게 시드가 불어난다는 뜻은 이익이 갑자기 커진 것입니다. 이런 기회가 일주일에 적어도 1회는 옵니다. 달리 말하면 손절라인을 터치하지 않았다는 뜻으로, 여유 있게 지켜보며 손절가를 올릴 수 있습니다. 저는 목표가 주문보다는 손절가를 올리는 방식을 권장합니다.

포지션 잡은 이후로 시세가 올랐다면 수익금의 25%, 50%, 75% 구간별로 로스컷을 올리면서 이익을 보존합니다. 본전에 걸어서 수수료만 날리는 것도 괜찮습니다. 정해진 답이나 공식이 없기 때문에 해보면서 본인에게 잘 맞는 구간을 산정하면 됩니다.

저는 진입과 동시에 내 예수금 - (현재 진입한 포지션의 크기 × 포인트)에 손절을 걸어둡니다. 이미 손절 지점이 정해져 있고, 이익이 난다면 내가 설정한 목표가 혹은 그 이상일 것이기 때문에 트레이딩에 대한 두려움을 없앨 수 있습니다. 진입한 포지션이 현재 수익 중이라면 진입가 혹은 몇 개 호가 위에 스탑 주문을 걸어두는 것도 좋습니다.

초보자가 실전매매에서 두려움을 느끼는 건 당연합니다. 그래서 두려움을 없애는 환경설정을 계속해나가는 게 큰 도움을 줍니다. 저도 매매를 하면서 항상 두려움을 느꼈고, 어떻게 하면 두려움을 줄여나갈 수 있을까 하는 고민 아래 이런 방법을 터득한 것입니다.

Chapter

9

주식 손실러들을 위한
매매 아이디어

1 언제 거래하는 것이 좋을까?

OVERSEAS FUTURES INVESTING

하루 3번 열리는 선물시장이다 보니 각 장마다 거래하는 시간을 정하는 게 좋습니다. 한국트레이더협회에서 정기적으로 개최하는 투자대회 우승자들의 사례만 살펴봐도 알 수 있지만, 각 장마다 거래시간이 존재하는 트레이더의 결과가 좋았습니다. 그렇다면 언제 거래하는 게 좋을까요?

저는 5분 차트 이하에서 손절하는 투자자는 장 초반에 거래해야 한다고 봅니다.

추세 매매하는 투자자는 반대로 장 초반을 피하는 게 좋습니다.

역매매를 주로 하는 투자자는 장 전반이 모두 지난 시점에 하는 것이 좋습니다. 변동성이 약해지는 시간을 노리는 것입니다.

2 경제지표 발표 이후 매매 아이디어

OVERSEAS FUTURES INVESTING

저는 경제지표 발표 이후 시장이 결론을 내릴 때까지 지켜봅니다. 지표 발표 이후에 1시간 이상 상승한다면 상승으로 결론이 난 것입니다. 예를 들어 소비자물가지수 발표 이후에 1시간 이상 상승 추세를 보여준다면 상승 추세대로 매매를 해야 합니다.

하지만 되돌리는 경우는 어떻게 해야 할까요? 지표 발표가 미장 시작 전에 있는지, 개장 이후에 있는지에 따라 대응 방법이 달라집니다. 참고로 대응 방법은 전략이 아닙니다. 주요 지표 일정을 체크해두고 미장 시작 직후에도 해당 추세를 따라가는지, 변동성이 줄어든 시점에서 지표 발표 이후 해당 추세 외에 다른 추세를 보여주는지처럼 시간대별로 구분해서 살펴보면 명확한 추세가 몇 시간 후에 나타나는지를 알 수 있습니다.

분기마다 지표마다 달라질 수 있습니다. 미장 시작 전이냐 후냐에 따라서도 달라질 수 있기 때문에 조건별로 구분하여 시간대별 추이를 자신만의 스타일로 기록하여 추적 관리하십시오. 분명히 트레이딩에 도움을 줍니다.

3 종목 간 상관계수

상관계수를 산출하는 공식은 온라인에 많이 나와 있습니다. 저는 수학을 잘하지 못하기 때문에 상관계수를 파악하는 '단순한 방법론'을 알려드리겠습니다.

나스닥 주봉(일봉 5개)이 음봉일 때 같은 수준(변동성-위아래 폭 기준) 혹은 같은 방향으로 마감하는 종목을 저는 상관계수 1, 즉 커플링된다고 봅니다. 반대로 나스닥 주봉(일봉 5개)이 양봉일 때 같은 수준(변동성-위아래 폭 기준) 혹은 다른 방향으로 마감하는 종목을 저는 상관계수 -1, 즉 디커플링된다고 봅니다.

골드는 2024년 기준 나스닥과 커플링 관계로 보고 있고, 달러는 2024년 기준 디커플링으로 보고 있습니다. 이 상관계수는 항상 일치하지 않기 때문에 주봉, 월봉별로 업데이트하는 것이 이 상관관계를 맹신하여 매매하지 않도록 도움을 줍니다.

2월 3~7일 상승 방향 약 4.81% 변동성

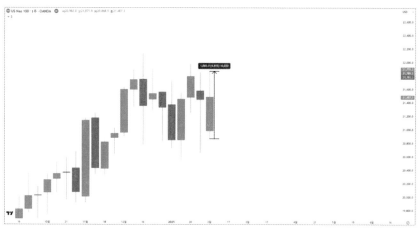

2025-02-03 나스닥 주봉 차트 / 호가 제공: OANDA

2월 3~7일 상승 방향 약 4.11% 변동성

2025-02-03 골드 주봉 차트 / 호가 제공: OANDA

11월 13~17일 상승 방향 약 3.73% 변동성

2023-11-13 나스닥 주봉 차트 / 호가 제공: OANDA

11월 13~17일 하락 방향 약 −2.09% 변동성

2023-11-13 달러인덱스 주봉 차트 / 호가 제공: TVC

4 원자재 선물의 특성

OVERSEAS FUTURES INVESTING

WTI 크루드오일, 골드, 외환은 확실하게 사야만 하는 사람들이 존재하는 시장입니다. 제조업체는 기본적으로 화석연료를 소비하고, 오일도 사람들이 매일 차에 기름을 넣는 것으로 소비합니다.

은행은 금을 삽니다. 모든 당좌예금을 현금으로만 채우지 않기 때문입니다. 다양한 목적과 형태를 가진 은행들뿐만이 아닙니다. 일반인도, 금으로 제품을 만드는 제조업체들도 금 현물을 삽니다. 금 선물로 헷지거래를 하기도 합니다.

외환 거래는 각국의 정부기관이 주도해서 환율 리스크를 해소하기 위해 타국 통화를 삽니다. 환율은 무역, 경상수지와 깊은 관련이 있습니다. 환율 방어를 하지 않는 국가는 없습니다. 극심한 경제침체를 겪는 국가를 제외하고는 가격 밴드라는 게 존재합니다. 물론 나심 탈레브의 책에서 소개한 블랙스완 같은 일도 생길 수 있습니다. 이것은 가까운 미래에 있을 수도 있고, 3년이나 5년 후의 일일 수도 있습니다. 그러나 걱정할 필요가 없습니다. 우리에게는 최대 손실허용 금액이 정해져 있기에, 손절하고 다음 장에서 추세대로 진입하면 됩니다.

'선물가격이 되돌려져서 손실을 입히면 어떡하지?'에 대한 걱정도 할 필요가 없습니다. 우리는 10% 로스컷만 당할 것입니다. 그리고 다시 포지션을 잡으면 됩니다. 반드시 시장은 하나의 방향을 잡고 나아가게 되어 있습니다.

저는 7(상승):3(하락)의 시장으로 봅니다. 투자 목적으로 선물거래를 하는 수많은 이해관계자들이 반드시 하나의 방향을 정해줄 것입니다. 우리는 그 방향을 따라 거래하면 됩니다.

선물시장은 주식시장과 다릅니다. 선물시장은 주식시장처럼 온갖 호재로 가득해 잘 가다가도 한순간에 소외종목이 되는, 배신행위를 하지 않습니다. '삼성전자 몇 층에서 물렸다' 같은 일은 선물시장에서 일어나지 않을 겁니다.

선물시장 트레이더는 손실로 인해 장기 홀딩하는 일이 드뭅니다. 가격을 보는 눈이 생기기 때문이며, 한편으로는 선물시장에서 매일 3번의 장을 만나기 때문입니다.

5 지수 선물의 특성

OVERSEAS FUTURES INVESTING

기관이나 외국인 같은 큰손들은 주식을 산 뒤 지수에서 선물 매도포지션으로 손실을 방어한다고 통상적으로 알려져 있습니다. 과연 그럴까요?

선물 가격은 현재 시장참여자들이 가지고 있는 미래 기대치를 반영합니다. 경제 전망이 긍정적이거나 기업 실적 개선, 정책 변경 등으로 시장의 낙관론이 커질 경우 선물 가격은 상승합니다.

금리 변동

선물 가격은 또한 금리 수준에 영향을 받습니다. 금리가 낮아지면 투자자들이 위험 자산에 투자하려는 경향이 강해지고, 이로 인해 선물 가격이 상승합니다.

인플레이션 기대

인플레이션이 예상된다면 투자자들은 실질 가치 보존을 위해 주식이나 선물과 같은 실물 자산에 더 많이 투자합니다. 이러한 수요 증가는 선물 가격을 상승시킵니다.

공급과 수요의 불균형

시장에서 선물 매수에 대한 수요가 매도보다 높을 경우 가격은 상승합니다. 나스닥, 오일, 골드에 대한 매도포지션이 많은 상태인데 상승한다면, 그것은 이미 공개되어 있는 포지션이 그러한 것일 뿐입니다. 아직 주문을 넣지 않은 사람들의 투자심리는 다를 수 있습니다. 특정 시점 시장참여자들의 투자심리나 전략에 따라 달라집니다.

캐리 트레이드와 비용

선물 계약은 보유 비용(Carry Cost)을 반영합니다. 이는 기초 자산을 현물 대신 선물로 보유할 때 발생하는 비용으로, 금리, 보관비, 보험료 등을 포함될 수 있습니다. 이러한 비용은 선물 가격에 반영되어 시간이 지남에 따라 선물 가격이 상승할 수 있습니다.

우리가 배운 기술적 분석과 시장심리 분석 방법은 이외에도 존재합니다. 시장에서 일어나는 일들은 이유를 가져다 붙이면 다 말이 됩니다. 이런 시장에서 우리가 취해야 할 자세는 통계 기반으로 진입하고, 잘 잃고, 수익 나는 추세를 잡았으면 로스컷을 올리면서 끝까지 이익을 극대화하는 것뿐입니다.

6 달러와의 연관성

OVERSEAS FUTURES INVESTING

　선물은 기초자산이 모두 현물 혹은 현물의 인덱스입니다. 그 자산들을 사는 데 드는 비용은 기축통화인 달러를 통해 지출됩니다. 이것이 미국이 전 세계 패권을 잡고 있는 제1의 이유입니다.

　달러가 상승할 때 나스닥도 상승하는 경우가 많고, 달러가 하락할 때 골드도 하락하는 경우도 많습니다. 하지만 달러의 주추세가 하락이라면 전체 자산이 상승할 것을 염두에 두어야 합니다. 반대로 달러의 매력도가 높아지면 전체 자산의 주추세가 하락할 것을 염두에 두어야 합니다.

　달러 가격이 떨어진다고 무조건 원화가 오르는 것이 아닙니다. 원/달러 환율로 달러의 추세를 보면 안 되고, 달러 자체를 봐야 합니다. 달러 자체의 추세를 보기 위해서는 달러 다음으로 큰 유럽 전체의 핵심 통화인 유로-달러와의 추세 그리고 유럽의 핵심 국가인 영국 파운드화 및 아시아권의 핵심통화인 일본 엔과의 현재 비중 등을 포함하고 있는 달러 인덱스차트를 봐야 합니다.

달러 인덱스는 1973년 3월을 기준점인 100으로 설정하고 미국 연방준비 제도 이사회에서 달러 가치 변화를 작성해서 발표합니다.

달러 인덱스는 이렇게 구성되어 있습니다.

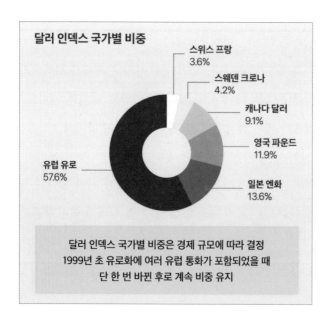

기본적으로 모든 종목, 모든 자산은 '돈'으로 사는데, 이 돈의 기준이 바로 달러입니다. 돈으로 종목과 자산을 사기 때문에 달러와 모두 디커플링일 것 같지만, 그렇지 않은 경우가 허다합니다. 시장이 상식의 범주에 있다면 이런 일이 일어나지 않겠죠?

저는 시장은 상식의 범주에 있지 않고 추세(방향)의 범주에 있다고 믿습니다. 방향이 있는 것이지, 고점과 저점을 맞힐 수 있는 사람, 기관, 인공지능은 없습니다. 과열권, 과매도권이라고 표현하는 언어 자체가 잘못되었다고 생각합니다.

과열권은 이제 빠진다는 뜻이 아니라 시장이 더 상승할 수 있다는 것을 의미하기도 합니다. 과매도는 더 큰 침체가 올 수 있다는 의미를 내포하고 있습니다. 그렇기 때문에 트레이딩을 하는 사람은 쓰는 언어에 따라 자신의 트레이딩 방향에 대한 관점이 영향을 받을 수 있다는 것을 알아야 합니다.

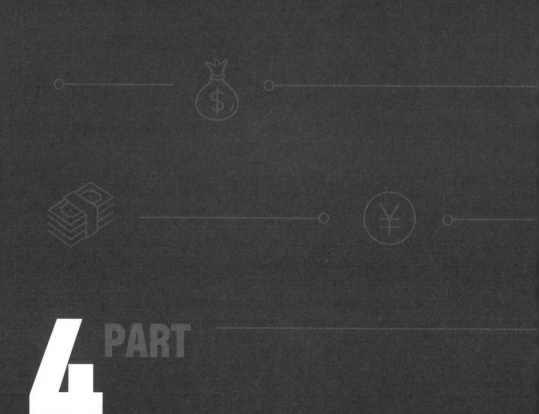

4 PART

김직선의 투자 규칙

진입, 수익 청산,
손절 규칙과 루틴 설계

1 진입, 청산, 손절 규칙

OVERSEAS FUTURES INVESTING

진입 규칙

1. 일정한 금액으로 진입해라.

2. 두려워도 진입해라.

3. 나는 매매 통계를 내는 사람이지, 거래마다 돈을 벌려고 진입하는 게 아니다. 이렇게 생각하면 두려움이 줄어들 것이다.

4. 그래도 두렵다면 가진 돈에 비해 진입 비중이 과도하게 큰 것이다. 비중을 줄여라.

5. 매매 방법에 따라 진입 금액을 다르게 설정해도 좋다.

6. 매매 방법을 고정한 뒤 돈을 번 거래, 돈을 잃은 거래의 사례를 분석하라. 진입할 때마다 매매 방법을 업그레이드시키고자 함을 상기하라.

익절 규칙

1. 지지 저항(매물대 박스)까지만 먹는다고 생각하라(1차 목표가).

2. 차트상으로만 보지 말고 목표로 한 가격에 빠져나와라(일관된 비중이 아

니었고 더 크다면 목표가까지 안 가져가도 된다).

3. 예상한 수익금의 70%를 달성했다면 매도해도 된다.

4. 반대 방향의 진입 타점을 수익금 청산에 활용해도 좋다.

5. 데이트레이딩은 완전히 똑같지 않아도 일관된 수익금을 챙겨야 한다.

6. 스윙트레이딩은 고가 대비 수익 보존을 50%까지만 하면서 팔지 말고 따라가라(본전 혹은 25%도 나쁘진 않다).

손절 규칙

1. 매물대 박스를 완전히 돌파하면 청산한다. 여기서 '완전히'란 새로운 봉의 시가가 매물대를 이탈해서 생성된 것을 말한다. 가격이 돌아오는 일은 100번 중 1번도 안 된다.

2. 오늘의 저가를 갱신하거나 고가를 갱신한 가격에서 손절하는 것도 한 방법이지만, 1번이 더 중요하다.

3. 다른 방향의 진입지점이 나타나면 손절하라. 당신의 시간을 8시간 이상 아껴준다.

4. 완전히 똑같지 않더라도 일관된 금액에서 잃어야 한다. 손절 금액이 불규칙하다면 매매 방법이 확립되지 않은 것이다. 확립되지 않은 매매법은 큰 손실로 이어진다.

5. 데이트레이딩이라면 그날 손실을 확정하라. 다음 날로 넘기고자 한다면 반드시 스탑 주문이 있어야 한다.

6. 스윙트레이딩이라면 예수금의 10% 이하로 손절 주문이 세팅되어 있어야 한다.

2 해외선물 트레이딩이 가져다주는 이득

해외선물 트레이딩으로 얻는 가장 큰 이득은 '돈'과 '경제적 자유'일 것입니다. 하지만 그 외에도 부가적으로 얻는 게 많습니다.

'차트를 볼 줄 알게 되니까 작전주 스팸 광고, 리딩방, 스캠코인에 당하지 않게 된다.'

제 구독자들이 한결같이 이야기하는 대목입니다. 차트를 볼 줄 알게 되고, 행동훈련까지 더해지면서 똑똑한 트레이더가 되었기 때문입니다. 이제는 누가 100배, 500배 오르는 종목을 알려준다고 해도 종목을 분석할 줄 알기에 속지 않습니다.

가치 투자자들은 기술적 분석, 즉 차트를 통해서 거래하는 것에 부정적입니다. 그래서 그들은 회사가 얼마를 벌고 있는지 등을 담고 있는 재무제표를 중점적으로 분석하지만, 저는 누군가의 의도가 반영될 수밖에 없는 사업보고서, IR 자료, 좋은 말로 치장되어 있는 비전에 속기 쉽다고 생각합니다.

결국에 가치 있는 기업은 신고가를 돌파합니다. 이 사실에 위반되는 주식 종목, 코인 현물은 절대로 없습니다. 신고가가 없으면 대박종목도 없습니다.

그런데 사람들은 현재의 가격이 바닥권에 위치해 있는지, 상승 추세인지 등을 식별하는 능력이 없기 때문에 수익은 내지 못한 채 종목 보유기간이 무한히 길어지게 되는 불상사를 겪습니다. 투자는 월/분기/반기/연 결산이 되어야 하는데 모든 결산에서 항상 마이너스가 될 수밖에 없는 것입니다. 가치를 보고 투자했다 하더라도 모든 시간 기준 손실 중이라면 그것은 실패한 투자입니다.

반면에 해외선물 거래를 공부하고 시작한 사람들은 다릅니다. 절대로 그러한 종목을 그냥 두지 않습니다. 설령 감언이설에 속아서 샀다 하더라도, 이 책에서 소개하는 트레이딩 도구로 판단하고, 손절 기준을 지키며 그것을 행동으로 옮기도록 만들어주는 행동훈련을 했기 때문입니다.

선물시장에서는 다양한 사람들이 각자의 필요에 맞게 거래합니다. 예를 들어, 조선소와 같은 곳은 미리 많은 양의 기름을 사두고, 기름 가격이 떨어져서 재무상 손해를 보는 것을 막기 위해 선물시장에서 기름을 미리 팔기로 약속하기도 합니다. 또는 기름 가격이 너무 올라서 예산이 부족해질까 봐, 미리 기름을 구매할 약속을 선물시장에서 하기도 합니다.

은행도 금 가격이 떨어질 것을 전망해서 선물시장에서 금을 팔기로 약속하거나, 반대로 금 가격이 많이 올라서 보유한 당좌예금의 환율과 보유예금 방어를 목적으로 금을 사기로 약속을 하기도 합니다. 이렇게 선물시장은 다양한 이유로 많은 사람들과 주체들이 참여하는 시장입니다.

이러한 이유로 주식시장보다 훨씬 큰 돈이 오가는 활발한 시장입니다. 이런 특성 때문에 가격 변동을 분석해서 거래하는 기술적 분석을 사용하는 투자자들에게 최적의 시장입니다.

3 매일 10만 원씩, 250일간

처음부터 많은 욕심을 내지 마십시오. 선물시장은 하루 3번 열리며, 매일 3번의 기회가 선물투자자에게 찾아오기 때문입니다. 아시아장에서 벌지 못하고 10% 로스컷을 당해도 상관없습니다. 유로장에서 거래하면 되기 때문입니다. 유로장에서 10% 로스컷을 당해도 상관없습니다. 미장에서 거래하면 됩니다.

그러나 손절을 하지 않았다면 눈 뜨고 이 모든 장의 기회를 지나쳐야 합니다. 하루에 10만 원만 버는 겁니다. 이 작업을 1년 거래일 250일 동안 반복한다고 생각해 보세요. 그다음 해에는 하루 100만 원으로 점프할 수 있습니다. 매일 아침 눈 뜨는 게 즐겁고 행복해집니다.

이 모든 걸 나뿐만 아니라 한국트레이더협회의 모든 참여자가 누리고 있습니다. 시행착오를 겪어도 상관없습니다. 적은 돈으로 연습할 수 있기 때문입니다.

진심으로 당부합니다. 연속 손절 일수가 20일이 나오지 않는다면 계속 연습하세요. 10거래일 연속 익절하고 나서 11거래일째 이 기록이 깨지면 다시 처음부터 시작하면 됩니다.

4 세 개의 장 매매하는 방법

OVERSEAS FUTURES INVESTING

　서머타임이 아닐 때는 아침 7시에 일어나세요. 미장 마감 시간입니다. 장 마감이 어떻게 되었는지 확인하고 아시아장 매매를 준비합시다.

　아시아장이 시작하면 전일 미장 마감 추세를 배운 도구들로 분석한 다음 진입자리가 나오면 손절라인을 고려해 들어갑니다. 아시아장에서 이익을 챙기는 것이 중요합니다.

　점심시간 이후로 새로운 추세가 나오면 장을 모니터링합니다. 더불어 아시아장 마감이 어떻게 되었는지 확인합니다.

　유로장이 시작하면 아시아장 추세대로 가는지, 전일 미장 추세대로 가는지, 아니면 유로장만의 새로운 추세를 보여주는지를 확인합니다. 자리가 나오면 역시 로스컷과 함께 진입을 합니다.

　유로장 중반인 21시에 장 초반의 추세를 이어가는지, 새로운 추세를 보여주는지를 확인합니다. 그리고 진입자리가 확인되면 로스컷과 함께 들어갑니다.

　유로장 막판이자 미장 시작이 임박했을 때 변동성이 커집니다. 따라서 초보자는 유로장 막판과 미장 초반에 거래를 하면 안 됩니다. 감당하기 어려운 변동성을 만날 것이기 때문입니다.

또한 만일 물려서 홀딩 시간이 길어지더라도 걱정하지 마세요. 1% 룰과 로스컷 주문이 있습니다.

이익을 빠르게 챙겼다면 천천히 시장을 모니터링하면서 내가 원하는 가격을 차트 위에 표시하면 됩니다. 나에게 시장이 기회를 준다면 로스컷 주문과 함께 진입하고, 그렇지 않으면 보내주면 됩니다.

하루 거래를 마쳤다면 제가 유튜브에 소개한 목표 쓰기를 하고 마감을 하세요. 꼭 100번, 50번씩 안 적어도 됩니다. 저는 정말로 간절했기 때문에 그렇게 한 것이지, 매일 목표만 상기시켜도 충분합니다.

새로운 노트를 장만하고 제일 첫 장에 이번 연도 목표 익절 금액, 3년 후 익절 금액, 5년 후 익절 금액을 적어보세요. 그리고 이것을 달성하기 위해서 하루 얼마를 익절해야 하는지, 1년 거래일을 250일로 가정해서 나누면 됩니다. 나눈 그 숫자를 얼마의 계약/랏수로 달성할 건지, 거래횟수는 몇 번으로 할 것인지, 그러기 위해서 몇 포인트를 먹어야 하는지 등을 구체적으로 세분화하세요.

그리고 목표를 상기시키는 문구를 적은 하단에 오늘의 매매일지를 적어보세요. 매매일지는 수익금과 손실금, 자리/시간/비중/포인트, 왜 벌었는지, 왜 잃었는지, 무엇을 나에게 상기시키고 싶은지를 적으면 됩니다. 매일은 아니더라도 매주 간격으로 같은 일이 벌어질 것입니다. 이 매매일지를 목표 하단에 매일 적어보세요. 이 일을 250일 동안 한다면 그 목표는 반드시 이루어질 것입니다.

5 시장의 움직임에는 대응이 답이다

OVERSEAS FUTURES INVESTING

1) 주기적으로 변하는 가격 범위가 핵심이다

로스컷을 세팅하려면 포지션에 들어가기 전에 반드시 내 증거금에서 10%가 날아가고 불어나는 지점을 체크해야 합니다. 이 값은 스스로 정하는 것이기 때문에 마음껏 변경해도 됩니다. 참고 삼아 말씀드리면 저는 딱 떨어지는 금액을 좋아합니다.

일관성 있게 매수하는 자리에서 로스컷이 발생했다면 시장의 움직임이 달라졌다는 뜻입니다. 앞서도 강조했지만 미리 아는 방법은 없고, 대응의 영역입니다. 포지션을 손절시키고 재차 상승한다면 해당 가격 범위를 기록해야 합니다. 시장은 당분간 이 가격 범위를 지킬 확률이 높기 때문입니다. 이렇게 데이터를 계속 업데이트하면서 조정과 되돌림, 돌파의 가격 범위를 기록하다 보면 분기별 움직임도 파악할 수 있는 자신만의 데이터가 생깁니다.

핵심은 현재 장의 조정 후 돌아나가는 가격 범위이며, 이 값은 계속 변합니다. 저는 이 사실을 깨닫는 데까지 오랜 시간이 걸렸고, 이 사실을 알게 된

후부터 다른 매매법을 찾아다니지 않게 되었습니다.

2) 선물시장은 기관도 할 수 있는 게 많지 않다

저는 시장이 제로섬 게임이라는 말을 싫어합니다. 실제로도 시장에 유입되는 돈은 지속적으로 증가하고 있기 때문에 이 말은 틀린 말입니다. 하지만 일정 부분은 맞기도 합니다. 지금부터 그 이야기를 해보려고 합니다.

카드게임을 한다고 가정해보겠습니다. 내가 받은 카드를 상대방이 알고 있다면, 상대방은 자신이 이길 수 있는지 여부에 따라 게임을 진행하거나 버릴 것입니다. 선물시장에서 통용되는 심리 전략 중에는 게임이론에서 가져온 유용한 전략이 많습니다. 그러나 선물과 도박은 다릅니다. 선물은 기술적 분석과 경제지표를 바탕으로 하는 게임이고, 무엇보다 '운'에 기대지 않습니다. 반면 도박은 '운'에 전적으로 기대는 경우가 많습니다. 카드 카운팅과 같은, 통계로 거래하는 도박사들도 있지만 판 자체를 상대가 지도록 설계하는 사기도 많습니다.

주식시장도 판 자체를 개인투자자가 불리하도록 세팅했습니다. 공매도를 막거나 레버리지에 제한을 두거나 내부자 정보를 활용한 포지션이 이미 많다는 게 그런 예입니다. 그리고 대표이사 및 기존 투자자의 물량에 의해 좌지우지되는 것이 개별 종목이기 때문에 대세를 타는 것이 아니라면 조작이 가능합니다.

반면 선물시장의 유동성을 생각해보세요. 아주 적은 비중의 개인을 속이기 위한 무언가의 장치를 마련하기 어렵습니다. 할 수 있다면 그저 많은 사람이 믿는 기술적 분석을 활용해서 거짓된 추세를 보여주는 정도일 것입니다. 이러한 단순한 것 말고는 큰 기관이라 해도 할 수 있는 게 없습니다.

즉, 우리가 기술적 분석을 충분히 숙달한 상태에서 나에게 시장이 보여준 것을 주 추세로 믿고 구간을 정해서 진입하고, 또 그 데미지가 최대 10%가 되게끔 세팅했을 때 한 달에 몇 번이나 마켓메이커가 나를 작정하고 속일 수 있을까요? 고민하면서 대응한다면 다변한 움직임이 나올 수 없습니다. 절대적인 유동성 때문입니다. 그래서 저는 이 방법을 우리의 투자 근거의 하나로 소개해 보려고 합니다.

세상에 알려진 투자에 대한 통념은 '세상 사람들과 반대로 해라'입니다. 그리고 또 하나의 통념은 '매수세가 붙었을 때 매수해라'입니다. 이 두 격언은 상반되는 내용이지만, 저는 이 말 모두를 믿습니다. 어느 특정 시점으로 한정한다면 둘 다 맞는 말이기 때문입니다. 그것은 바로 시장 추세 초입입니다.

6 매수 전,
매수 직후의 루틴

OVERSEAS FUTURES INVESTING

매수하기 전 루틴

더블비, 캔들, 이평선, 지지-저항, 추세선, 이격도, 시가의 위치를 확인하고 현재 가격차트와 맞닿아 있는지 그 정도를 체크합니다. 각각의 도구들의 매수·매도 우위 판단을 합니다.

매수하기로 결론을 냈다면 손절 지점을 차트상에 표기합니다. 매수 버튼을 누르기 전에 손절할 가격을 결정하는 겁니다.

결정이 났고 매수 시점에 가격이 와 있다면 매수 주문을 넣습니다.

매수하고 나서의 루틴

저는 매수와 동시에 추가진입 주문을 걸어둡니다. 각각 포지션의 손절도 걸어두지만 익절 가격은 걸어두지 않습니다.

투자에 대한 의사결정을 내리고 나면 따로 할 일은 없습니다. 부산하게 차트나 뉴스를 볼 것 같지만, 주문을 다 마치고 나면 운동을 하거나 다른 볼 일을 봅니다. 매수하기 전이 바쁘지, 매수하고 나면 거래와 관련해서는 차트를 1시간에 1번 확인할 뿐입니다. 유일하게 하는 일은 경제지표 일정을 잘못 알고 있는 건 아닌지 체크하는 정도입니다.

저는 20시 25분에 주문을 넣었다면 21시에 차트를 확인합니다. 그때부터 1시간 단위로 차트를 확인합니다.

7 오래 물려 있다는 것에 대하여

OVERSEAS FUTURES INVESTING

오랫동안 물려 있을 때가 있습니다. 길게는 2일이 넘어가기도 합니다. 즉 3일을 넘기지는 않습니다.

물려 있다는 건 제 손절가격에 오지도, 이익 중이지도 않은 횡보하는 구간이라는 뜻입니다. 이 말을 달리 해석하면, 3일 안에는 1개 방향의 추세가 나온다고도 할 수 있습니다. 제 포지션은 손절이 되었거나 큰 이익 중이거나 둘 중 하나의 경우뿐입니다.

웬만하면 손실 중에는 손절 가격을 조정하지 않습니다. 보통은 그대로 두며, 아주 드물게 더 손절 가격을 빠듯하게 하여 손실을 줄입니다. 이때는 이 거래가 손절로 마무리되더라도 결국 내 통계대로 이익을 취하고 잃을 건 잃어준다는 마음입니다.

무리하지 않게 정해진 금액만 들어가고, 항상 정해진 자리 혹은 금액에서 손절을 합니다. 이익 중인 포지션은 최대한 길게 끌고 가고자 합니다. 이는 과거 데이터에 기반한 믿음이 있기에 가능한 평온함입니다.

새로운 포지션 거래는 현재 잡은 포지션과는 무관하게 진행합니다.

8 10% 이상 손실일 때 취해야 하는 행동 3가지

만일 10% 이상의 손실을 감내하고 있다면 증거금을 살펴보아야 합니다. 손절 10%면 트레이딩을 10번 할 기회가 주어지지만, 그 이상이라면 횟수가 줄어들기 때문입니다. 그렇다고 1~2%에서 잦은 손절을 하면 승률을 높게 형성하지 못합니다.

10% 이상 손실을 홀딩하고 있다면 지금부터 설명할 행동 3가지가 도움이 될 것입니다.

1. 지금이라도 늦지 않았다. 손절 주문을 낸다

정말로 지금이라도 늦지 않았습니다. 손절 주문을 내면 됩니다. 현재 어느 정도의 손실이든 상관없습니다. 다시 진입한 포지션이 또 손절되어도 상관없습니다.

이 게임을 계속한다면 시장의 추세가 반드시 내 계좌를 거쳐갈 수밖에 없습니다. 결국은 오르내리는 방향 문제입니다. 손절가격이 오지 않고 추세를 타는 일이 10번 중 단 1번만 오는 승률 10%밖에 안 되는 투자자라도 그 1번의 추세가 모든 것을 복구시켜 주기도 합니다. 이런 일이 실제로 1개 분기에

1번은 일어납니다. 그러니 지금 손절하기로 한 금액에서 손절을 하지 않을 이유가 전혀 없습니다.

2. 손절 주문을 내고 밖에 나가 걷는다

손절 주문을 냈다면 감정적인 상태에서 이성적인 상태로 심리가 상당 부분 바뀌어 있을 겁니다. 그래도 뇌동매매, 손실복구의 감정이 불쑥불쑥 올라올지도 모릅니다.

이때 이 심리를 극복할 방법은 산책과 운동입니다. 손절 주문을 냈다면 핸드폰을 놓고 밖에 나가 걷거나 헬스장에 가는 것을 추천합니다. 비록 손절되어 있을 수도 있겠지만 그렇지 않을 때도 많거든요.

3. 다시 자리에 앉았다면 매매일지를 작성한다

이제는 매매일지를 작성합니다. 여기까지는 별도의 행동이 아니라 이어지는 연쇄적인 행동입니다. 1번이 없다면 2번도 없고 3번도 없습니다.

매매일지를 작성하는 이유는 수만 가지가 있겠지만, 저는 성공한 거래일지는 계속 성공하기 위해 쓰고 실패한 거래일지는 다시는 그 실패 지점에 가지 않기 위해서 씁니다.

매매일지를 거창하게 생각할 필요는 없습니다. 커뮤니티에 쓰든, 자신의 블로그에 쓰든, 책상 위의 노트에 쓰든 꾸준히 쓰는 공간을 정해서 중단하지 않으면 됩니다. 지속적으로 쓸 동기가 부족하다면 커뮤니티에 쓰는 것을 권장합니다. 행동이 이어지게끔 환경을 설정하는 방안입니다. 통제력이 강하다면 나만이 볼 수 있는 블로그나 노트에 계속 써도 됩니다.

중요한 건 계속 쓰는 것입니다. 이 일지들은 나만의 매매 규칙으로 바뀔 것입니다.

9 초보를 위한 마인드셋

OVERSEAS FUTURES INVESTING

1) 수익을 내기까지 걸리는 시간

수익을 내는 트레이더로 전환되는 평균적인 기간을 저는 거래일로 계산합니다. 거래하다 보면 보통 많은 원칙과 규칙을 어기게 되는데 심리에 기반한 게 많기 때문에 철저한 반복적인 행동훈련이 필요합니다.

많은 사람이 자신의 트레이딩 경력을 햇수로 이야기하지만 그보다는 실제로 얼마나 시장에 참여했는지를 살펴봐야 합니다. 행동훈련을 1에 배치한 것도 이 때문입니다. 경험상 해외선물로 돈을 안정적으로 버는 데 걸리는 시간은 250거래일입니다. 이 250거래일도 매일 3번 거래했을 경우입니다. 저는 주식투자 3년 실력이 선물시장 1년 실력과 같다고 여깁니다.

2) 조급함 버리기

모든 투자의 적은 하락장, 전쟁 같은 예기치 못한 초대형 악재가 아닙니다. 바로 조급함이지요. 조급함은 과한 욕심을 불러오고, 과한 욕심은 많은 비중을 데리고 옵니다.

과욕을 없애는 좋은 행동훈련이 있습니다. 노트를 하나 준비한 후 매일 내가 얼마의 랏수를 들어갔는지, 몇 포인트의 이익과 손실을 감당했는지를 적습니다.

아주 단순하지만 이게 끝입니다. 이렇게 매일 적는 행위만으로도 조급함이 불러오는 과욕을, 과욕이 불러오는 치명적인 피해를 방지할 수 있습니다.

3) 평생 선물과 친구가 돼라

선물투자는 적은 돈으로도 연습할 수 있고, 나이 제한도 없습니다. 하루 3번 열리는 시장에서 1랏 이하의 돈으로 계속 연습하면 경제적 자유를 1년 안에 맞이할 수 있습니다.

선물시장은 누구에게나 공평합니다. 꾸준히 공부하고 시장에서 검증한 사람에게 기회의 장을 활짝 열어줍니다. 어느 정도 성장했다는 자만심이 들 때마다 수익금을 반납하고 다시 벌고를 반복할 겁니다. 그게 과정입니다. 그럼에도 주식투자만을 하는 사람들보다 3배 이상 빠르게 성장할 겁니다.

선물시장은 코인처럼 주말도 없이 거래하는 장이 아닙니다. 주 5일 하루 3번, 주 15개의 장을 1년간 경험하면 780개의 장 시작과 장 마감을 경험하게 됩니다. 일주일이 어떻게 지나는지도 모르게 주말을 맞이하고, 월요일을 기다리게 됩니다. 데이트레이더이기 때문에 주말에 걱정할 필요도 없습니다.

원자재 시나리오 매매를 하더라도 내가 산 가격보다 빠지면 오히려 기분이 좋아집니다. 수많은 이해관계자가 참여하는 시장에서 매일 수익 실현하는 기쁨을 누리길 바랍니다.

처음부터 잘 되지는 않을 수 있습니다. 걱정하지 마세요. 수만 명의 동료가 한국트레이더협회에서 함께 성장하고, 이미 수익 내는 트레이더들이 아낌없이 자신의 지식과 경험을 나누어주고 있으니까요.

부록

1 해외선물 필수 용어

OVERSEAS FUTURES INVESTING

1) 기초 용어

해외선물 거래를 위한 준비물을 챙겨보겠습니다.
우선 해외선물을 거래하기 위해서는 내가 매수 혹은 매도하는

1) 수량의 단위
2) 종목이름과 종목명(티커)
3) 만기일
4) 기타 용어

를 알고 넘어가야 합니다.

2) CFD와 CME

해외선물을 거래하는 방법은 2가지가 있습니다. 하나는 국내 증권사를 통해 시카고거래소(CME) 상품을 거래하는 방법이고, 나머지 하나는 해외 CFD 증권사를 통해서 선물을 거래하는 방법입니다.

① CME란?

CME는 Chicago Mercantile Exchange의 약자로, 시카고에 위치한 세계에서 가장 크고 다양한 금융 상품을 거래하는 선물거래소입니다. 1974년에 설립되어 다양한 자산 클래스에 대한 파생상품을 거래할 수 있는 시장을 운영하고 있습니다. 투자자들이 가격 변동에 따른 위험을 관리할 수 있도록 도와주고 실시간 시장 데이터를 통해 자산의 시장 가치를 결정하는 역할을 합니다.

이곳에서 주식, 채권, 화폐, 금속, 에너지, 농산물 등 다양한 상품의 선물과 옵션을 사고팔 수 있습니다. 선물 계약이란, 미래의 어떤 시점에 특정 상품을 정해진 가격으로 사거나 팔기로 하는 계약을 말합니다. 이를 통해 투자자들은 가격 변동 위험을 관리할 수 있습니다.

② CFD란?

CFD는 Contracts For Difference의 약자로, '차액결제거래'를 의미합니다. 이는 특정 자산의 구매 가격과 판매 가격 사이의 차액을 거래하는 금융 파생상품입니다. 실제 자산을 소유하지 않고도 그 자산의 가격 변동에 대해 투자할 수 있습니다. 예를 들어, 주식, 지수, 원자재 등 다양한 시장에서 거래할 수 있습니다. CFD를 통해 투자자들은 가격이 오를 때뿐만 아니라 내릴 때도 수익을 낼 수 있는 기회를 갖게 됩니다.

③ CME와 CFD 비교

- **거래소 vs. 비거래소:** CME는 CME거래소에서 이루어지는 선물 계약을 말합니다. 반면, CFD는 CME거래소 밖에서 이루어지는 비거래소 시장 (Over-The-Counter, OTC)에서 거래됩니다.
- **자산 소유권:** CME를 통한 선물 거래는 실제 자산의 배달이 포함될 수 있습니다(대부분의 경우 실제로 자산이 이동하지는 않습니다). 2020년 코로나 팬데믹 사태 때 실제로 크루드오일 거래에서 이러한 일이 일어나서 많은 트레이더가 큰 손실을 감내해야 했습니다. CFD 거래에서는 실제 자산을 소유하지 않고 가격 변동에 따른 차액만을 거래합니다.
- **접근성:** CFD는 소액 투자자도 접근하기 쉬우며 레버리지를 사용하여 적은 돈으로도 큰 포지션을 취할 수 있습니다. 반면, CME에서의 선물 거래는 일반적으로 더 큰 자본이 필요합니다.
- **위험 관리:** 두 시장 모두 가격 변동에 따른 리스크를 관리할 수 있는 도구를 제공합니다. CME는 내 손실이 각 상품의 증거금 수준에 미달되면 (일반적으로 -20%의 손실을 보고 있으면) 장 마감 이후 강제청산을 시킵니다. CFD는 동일 계좌에서 반대 포지션 주문을 걸어서 내 증거금의 손실이 늘어나지 않게 고정할 수 있는 기능을 제공합니다. CME, CFD 둘 다 레버리지를 활용한 높은 위험과 동시에 높은 수익 가능성을 제공합니다.

간단히 말해서, CME는 시카고거래소에서 이루어지는 다양한 금융 상품의 장내파생상품인 선물 거래를, CFD는 실제 자산을 소유하지 않고 그 가격 변동을 거래하는 장외파생상품인 선물 거래를 의미합니다. 각각의 거래 방식은 투자자의 자본, 위험 수용도, 거래 전략에 따라 각기 다르게 적합할 수 있습니다.

국내 증권사를 통한 CME 거래 방식

개인투자자 → 국내 증권사 → CME

개인투자자 ← 국내 증권사 ← CME

해외 CFD 증권사 거래 방식

(출처:키움증권)

해외선물의 단위는 '계약' 과 '랏'입니다.

CME : 계약 = CFD : 랏

3) 종목명과 종목 코드

시카고거래소는 다양한 자산군에 걸쳐 선물 및 옵션 상품을 제공합니다. 주요 거래 가능한 종목은 다음과 같습니다. 이 종목군은 브로커마다 상이하지만 CFD에서도 거래할 수 있습니다.

1. 금리 상품
- 단기 금리: 유로달러, 3개월 LIBOR 등
- 장기 금리: 10년물 국채, 30년물 국채 등

2. 주가지수
- 주요 지수: S&P 500, 나스닥 100, 다우존스산업지수 등
- 마이크로 및 미니 지수: E-mini S&P 500, E-mini 나스닥 100 등

3. 외환(FX)
- 통화 선물: 유로, 일본 엔, 영국 파운드, 캐나다 달러 등 주요 통화

4. 에너지
- 원유: WTI 원유, 브렌트 원유 등
- 천연가스: 헨리허브 천연가스 등

5. 농산물
- 곡물: 옥수수, 대두, 밀 등
- 소프트 상품: 커피, 설탕, 코코아 등

6. 금속
- 귀금속: 금, 은, 백금 등
- 산업용 금속: 구리, 알루미늄 등

7. 주식

• 주식 선물: 애플, 아마존, 구글 등 주요 기업의 주식 선물

8. 기타

• 금리 스왑: 다양한 만기의 금리 스왑 계약

• 지수 옵션: S&P 500, 나스닥 100 등의 지수 옵션

다음은 상품을 거래할 때 찾아볼 수 있는 고유의 식별 코드(티커)입니다.

	CME 명칭	CFD 증권사 명칭	티커
나스닥	E-mini 나스닥	Nas100	NQ
크루드오일	Crude Oil	Usousd	CL
골드	Gold	Xauusd	GC
유로달러	EuroFx	Eurusd	6E
달러엔	Japanese Yen	USDJPY	6J
천연가스	Natural Gas	Xae	NG
실버	Silver	Xaeusd	SI

4) 만기와 만기일

① 만기일이 있는 이유

선물 계약은 미래의 특정 시점에 자산을 정해진 가격으로 사고팔기로 하는 약속입니다. 만기일이 있는 주된 이유는 다음과 같습니다:

• **가격의 확정:** 선물 계약을 통해 미래의 불확실성 속에서도 가격을 미리

결정할 수 있어, 생산자와 소비자 모두 가격 변동의 위험으로부터 자신을 보호할 수 있습니다.

- **결산과 이행:** 만기일은 계약의 결산(정산)이 이루어지는 날이며, 물리적인 상품의 경우 배송이 준비되어야 할 시점을 의미하기도 합니다.
- **시장의 질서:** 만기일을 통해 선물시장에서 거래되는 계약들이 정기적으로 갱신되고, 이를 통해 시장의 유동성과 효율성을 유지할 수 있습니다.

② 만기일 주기

- **나스닥:** 나스닥 선물 계약은 주로 분기별로 만기가 설정됩니다. 3월, 6월, 9월, 12월의 세 번째 금요일이 만기일입니다.
- **원유(Oil):** 원유 선물 계약의 만기일은 매월 있으며, 보통 만기월의 전월에 해당하는 특정 날짜(예: WTI 원유는 만기 월의 전달 20일경)에 설정됩니다.
- **금(Gold):** 금 선물 계약은 매월 만기일이 있지만, 주요 만기월은 2월, 4월, 6월, 8월, 10월, 12월입니다. 각 만기월의 끝나는 날짜는 계약에 따라 다를 수 있습니다.

③ CME와 CFD 비교(만기)

앞서 설명드린 CME와 CFD를 다시 비교해보면:

- **CME(Chicago Mercantile Exchange):** CME 거래소에서 이루어지며 나스닥, 오일, 골드와 같은 다양한 자산의 선물 계약을 포함합니다. 이러한 계약은 만기일을 가지며, 때로는 실제 자산의 인도를 포함할 수 있습니다.
- **CFD(Contracts For Difference):** 비CME 시장(OTC)에서 이루어지는 계약으

로 실제 자산의 소유 없이 자산 가격의 변동에 대해 거래합니다. CFD는 만기일이 없습니다. 이로 인해 만기로 인한 강제포지션 종료가 일어나지 않으며, 투자자는 언제든지 계약을 종료할 수 있습니다.

선물 계약의 만기일은 시장의 예측 가능성과 질서를 제공하며, 각 자산별로 다양한 만기일 주기가 존재합니다. CME에서의 거래는 정해진 규칙과 만기일을 따르는 반면, CFD는 만기일로 인한 압박에서 벗어나 더 유연한 거래를 할 수 있습니다.

CFD, CME 비교

	CME	CFD
거래방식	실제 자산을 가짐(실물인수도 포함)	자산의 가격 변동만 거래
만기	있음	없음

- CME를 통해 거래하면 해당 만기의 상품은 해당 일에 강제 청산되고, CFD는 청산 없이 거래를 이어나갈 수 있습니다.
- 만기일은 종목마다 다릅니다. 과거에는 만기일에 선물가격과 현물가격이 일치되려는 성향이 있었으나 최근의 추세는 꼭 그렇지는 않습니다. 최근에는 선물가격이 현물가격을 이끄는 형태가 많습니다.

5) 기타 용어

① 스프레드

스프레드는 금융 시장에서 널리 사용되는 개념으로, 일반적으로는 매수 가격(Ask 또는 Offer)과 매도 가격(Bid)의 차이를 의미하지만 선물시장에서는 동일 상품의 서로 다른 만기일 계약 간의 가격 차이를 나타냅니다. 이를 캘린더 스프레드라고도 부릅니다.

스프레드는 한 통화쌍의 매수 가격과 매도 가격의 차이입니다. 이는 거래의 주요 비용 중 하나로, 통상적으로 핍스(pips, percentage in point) 단위로 측정됩니다.

스프레드는 투자자가 거래를 할 때 발생하는 직접적인 비용을 나타내며, 통상적으로 시장의 유동성과 직접적인 관계가 있습니다. 높은 유동성은 일반적으로 좁은 스프레드를 의미하고, 낮은 유동성은 더 넓은 스프레드를 의미합니다.

스프레드 개념 정리

개념	설명
스프레드	매수 가격(Ask)과 매도 가격(Bid)의 차이
스프레드의 의미	1) 동일 상품의 서로 다른 만기일 계약 간 가격 차이(캘린더 스프레드) 2) 매수와 매도 호가의 차이
통화쌍 스프레드 예시	예) EUR/USD 통화쌍 매수 가격 1.1000, 매도 가격 1.1002 → 스프레드 0.0002(2핍스)
선물시장 스프레드 예시	예) 금선물 매수 가격 1800, 매도 가격 1802 → 스프레드 0.02 USD
CFD 시장 스프레드 예시	예) 애플 주식 CFD 매수 가격 150.00, 매도 가격 149.98 → 스프레드 0.02 USD
스프레드 결정 요소	시장 유동성, 거래량, 시장 변동성, 거래수수료 등의 요소에 의해 결정됨

스프레드는 금융 시장에서 거래자 간의 가격 차이에서 발생합니다. 매수자는 특정 가격(Bid)에서 구매할 의향이 있고, 매도자는 또 다른 가격(Ask)에서 판매할 의향이 있다고 가정할 때, 이 두 가격의 차이가 바로 스프레드입니다.

예를 들어, EUR/USD 통화쌍이 있을 때 매수자는 1.1000(USD)에서 구매할 준비가 되어 있을 수 있고, 매도자는 1.1002(USD)에서 판매하고자 할 수 있습니다. 이 경우 스프레드는 0.0002, 또는 2 핍스입니다.

선물시장에서 금 선물 계약을 예로 들면, 매수자가 1,800(USD)에서 구매할 의향이 있을 수 있습니다. 이때 매도자는 1,802(USD)에서 판매하려 할 수 있습니다. 여기서 스프레드는 2(USD)가 됩니다.

CFD 거래에서 애플 주식 CFD가 있을 때, 매수 가격(Ask)이 150.00(USD)일 수 있고, 매도 가격(Bid)이 149.98(USD)일 수 있습니다. 이 경우 스프레드는 0.02(USD)입니다.

이러한 스프레드는 시장의 유동성, 거래량, 시장 변동성, 그리고 거래 수수료와 같은 요소들에 의해 결정됩니다. 일반적으로 유동성과 거래량이 많은 시장은 스프레드가 좁은 반면, 유동성과 거래량이 적은 시장과 시간대에서는 스프레드가 넓습니다.

CME는 한 곳의 중앙거래소에서 모든 체결 내역을 관리하고 해당 주문이 없으면 대신 매도 수량을 주문을 직접 내어 체결해줍니다. 즉, 마켓메이커의 역할을 하는 것입니다.

내 체결 내역이 모두 공개되며 내 거래 상대방이 되는 마켓메이커 역할을 하는 CME에서 거래하기를 꺼리는 트레이더도 있습니다. 이 때문에 지정가주문을 하지 않고 시장가만으로 주문하는 트레이더도 있습니다.

주요 대형 암호화폐 거래소도 직접 거래 상대방이 마켓메이커 역할을 합니다. 이로 인해 암호화폐 거래 또한 분산화되어 있는 해외 CFD 증권사에서 거래하는 인구가 늘고 있습니다.

② 틱가치/핍가치

선물시장과 외환시장에서 '틱'과 '핍'은 가격 변동의 최소 단위를 나타내며, 투자자들이 시장에서의 작은 가격 움직임을 측정하고 이해하는 데 도움을 줍니다. 이 두 단위는 마치 비디오 게임에서 점수를 얻는 것처럼 시장에서 돈의 가치가 어떻게 변하는지를 측정하는 방법입니다.

• 틱가치

틱은 선물 계약에서 가격이 변할 때의 그 작은 변동을 말합니다. 예를 들어, 선물시장에서 틱 하나가 1원이라면, 가격이 1원씩 올라가거나 내려갈 수 있습니다. 틱가치는 이러한 가격 변동이 실제로 투자자에게 얼마나 많은 이익 또는 손실을 가져다주는지 나타냅니다. 선물시장에서의 틱가치는 계약마다 다르기 때문에 투자자는 거래하기 전에 확인해야 합니다.

예를 들어, 만약 E-mini S&P 500 선물 계약의 틱 크기가 0.25포인트이고 각 틱의 가치가 $12.50라면, 계약 가격이 0.25포인트 움직일 때마다 투자자는 $12.50을 벌거나 잃게 됩니다.

• 핍가치

핍은 외환시장에서 많이 쓰이는 용어로 통화쌍의 가격 변동을 나타내는 데 사용되는 단위입니다. 대부분의 통화쌍에서 핍은 소수점 네 번째 자리까지의 변동을 나타내며, 이는 매우 작은 가격 변동을 의미합니다.

예를 들어, EUR/USD 통화쌍이 1.1050에서 1.1051로 변동한다면 이는 1핍의 움직임을 의미합니다. 핍가치는 투자자가 한 핍의 가격 변동으로 얼마나 많은 돈을 벌거나 잃을 수 있는지를 나타내며, 계약의 크기와 거래되는 통화쌍에 따라 달라집니다.

이렇게 틱과 핍을 이해하면 선물시장이나 외환시장에서 돈의 가치가 어떻게 변하는지, 그리고 그 변화가 우리에게 어떤 영향을 미치는지를 더 잘 알 수 있습니다. 두 단위는 투자자들이 시장에서의 가격 변동을 더 잘 이해하고, 자신의 거래 전략을 계획하는 데 중요합니다. 게임에서 점수를 얻듯 시장에서도 점수를 얻거나 잃는 것입니다.

핍가치는 거래되는 통화쌍과 거래 규모(랏 크기)에 따라 달라지며, 투자자가 거래에서 얻거나 잃을 수 있는 금액을 계산하는 데 사용됩니다.

요약하자면, 틱가치와 핍가치는 선물시장에서 가격 변동의 최소 단위와 그 가치를, 특히 핍가치는 주로 외환시장에서 통화쌍의 가격 변동을 측정하는 데 사용되는 단위입니다. 각각은 거래되는 시장과 금융 상품의 유형에 따라 중요한 역할을 합니다.

③ 증거금

선물시장에서의 증거금은 어떤 물건을 예약 구매할 때 미리 내는 돈과 비슷합니다. 선물 계약을 거래할 때 전체 가격을 바로 지불하지 않고 일부만 먼저 내는데, 이를 '증거금'이라고 합니다.

• 증거금이 왜 필요할까?

선물시장에서 거래는 미래에 어떤 상품을 정해진 가격에 사고파는 약속입니다. 이때 모든 사람이 약속을 지킬 거라는 보장이 없기 때문에 증거금이라는 보증금을 미리 받습니다.

• 증거금의 종류

- 초기 증거금: 계약을 맺을 때 처음으로 내는 증거금입니다. 이 금액은 계약 가치의 일부분이며, 계약을 시작하기 위해 필요합니다.
- 유지 증거금: 계약을 유지하기 위해 필요한 최소한의 증거금입니다. 시장 가격이 변동하면서 증거금이 초기보다 줄어들 수 있는데, 이때 추가로 돈을 내서 유지 증거금까지 채워야 합니다.

• 증거금의 역할

증거금은 선물시장에서 매우 중요합니다. 이는 거래가 안전하게 이루어지게 하며, 만약 시장에서 큰 손실이 발생했을 때, 적어도 일부 손실을 메울 수 있는 돈이 있다는 것을 보장합니다. 또한, 증거금 덕분에 사람들은 큰 돈을 투자하지 않고도 선물시장에 참여할 수 있습니다.

간단히 말해서, 증거금은 선물시장에서 거래의 안전을 보장하는 역할을 하며, 거래를 시작하고 유지하기 위해 필요한 일종의 보증금입니다.

④ 최소 단위 포인트당 수익/정수자리 단위당 포인트당 수익

거래되는 상품의 최소 가격 변동 단위는 각 시장과 상품에 따라 달라집니다. 예를 들어, CME에서 거래되는 선물 상품은 특정 '틱 크기'를 가지며, 이 것은 상품의 가격이 움직일 수 있는 최소 단위입니다.

- **포인트당 가치:** 각 틱 또는 포인트의 움직임이 거래자에게 얼마나 많은 수익이나 손실을 가져다주는지를 나타냅니다.
- **계약 크기:** 틱가치를 계산할 때 계약 크기도 중요한 역할을 합니다. 예 를 들어, 더 큰 규모의 계약은 더 큰 틱가치를 가질 수 있습니다.

CME와 CFD의 증거금과, 포인트당 수익과 정수자리 포인트당 수익금 정리

	나스닥		골드		오일		유로달러	
거래소	CME	CFD	CME	CFD	CME	CFD	CME	CFD
상품명	E-mini 나스닥 100	NAS 100+	Gold Futures	XAUUSD+	Crude Oil Futures	USOUSD+	Euro FX	EURUSD+
증거금	$20,000	$36	$11,000	$460	$7,260	$157	$2,200	$200
1포인트 가치	$20	$1	$100		$1,000		$100,000	

(CFD는 레버리지 1:500, 23년 6월 6일 기준)

- **나스닥:** CME의 E-mini 나스닥 100 선물 상품의 계약 사양에서 최소 가 격 변동 단위와 포인트당 가치를 확인할 수 있습니다.
- **오일:** NYMEX 원유 선물 상품의 계약 사양을 통해 최소 가격 변동 단위 와 포인트당 가치를 알 수 있습니다.
- **골드:** COMEX 금 선물 상품의 계약 사양에서 이 정보를 찾을 수 있습니다.
- **유로달러, 달러엔, 파운드달러, 파운드엔:** 외환 시장에서는 각 통화쌍의 핍 가치를 통해 최소 가격 변동 단위와 포인트당 가치를 계산할 수 있습 니다.

⑤ 레버리지

레버리지에 대해서 짚고 넘어가겠습니다. 이해를 돕기 위해 한국인에게 가장 익숙한 부동산과 비교해보겠습니다.

내가 1억 원을 가지고 부동산을 구매하려는 사람이라고 가정하겠습니다. 만약 10억 원의 아파트를 구매한다고 하면 레버리지 9배, 즉 900%의 레버리지를 써서 구매하기로 결정한 것입니다. 이렇게 구매한 10억 원의 아파트가 20억 원이 되면 내 돈과 대출원금을 제외하고 10억 원을 벌었으니 10배의 수익이 난 것입니다.

이 관점에서 선물시장의 레버리지를 살펴보겠습니다.

내가 1억 원이 있고 10억 원 어치의 수량(2024.02.16 CME 포인트당 같은 수익 기준 58.8계약)을 매수하는 데 드는 실제 비용은 3만5천달러, 한국 돈으로 4천 600만 원입니다. 대략 20:1의 레버리지를 쓴 것입니다. 10억 원의 돈을 채우는 것에 20:1의 레버리지가 반영된 것이듯이, 수익을 보는 것에도 20:1의 레버리지가 반영이 되어 있습니다.

그렇다면 잃는 경우에는 어떻게 될까요?

10억 원에 구매한 부동산이 1억 원이 되면 이 사람은 9억 원의 빚을 지게 됩니다. 9억 원 대출에 이자비용까지 함께 상환해야 하겠죠.

많은 투자자가 잃는 경우를 생각하지 않는데, 반드시 고려해야 합니다. 부동산 투자자는 9억 원의 대출원금과 함께 그에 따른 연간 이자비용을 감당해야 하며, 갚지 못하면 바로 압류가 들어와 실질적 파산 상태가 됩니다.

CME 상품을 구매했다면 증거금에 대해서는 레버리지를 쓸 수 없기 때문에 1억 원의 E-mini 나스닥을 살 경우 3계약만 살 수 있고, 3계약으로 10억 원을 벌기 위해서는 16,66포인트 수익을 내야 합니다. 즉 나스닥 지수가 2배,

100%가 올라야 합니다.

국내증권사와 CFD 레버리지 정리표

	나스닥		골드		오일		유로-달러	
거래소	국내증권사	CFD	국내증권사	CFD	국내증권사	CFD	국내증권사	CFD
상품명	E-mini 나스닥 100	NAS 100+	Gold Futures	XAUUSD+	Crude Oil Futures	USOUSD+	Euro FX	EURUSD+
레버리지	1:18	1:1~ 1:1000	1:20	1:1~ 1:1000	1:10	1:1~ 1:1000	1:58	1:1~ 1:1000

(2024년 6월 기준)

반면 CFD를 이용할 경우 4천600만 원으로 10억 원 어치를 구매할 수 있고 850포인트, 나스닥 지수 5% 상승만큼 이익을 내면 10억 원을 번 것입니다. 잃는다면 4천600만 원만 잃은 것입니다. 그렇기 때문에 CFD를 이용한 거래가 안전하다고 하는 것입니다.

그럼에도 불구하고 초보자는 레버리지를 사용할 때 안전을 최우선으로 고려해야 합니다. 잃을 수 있기 때문입니다. 그래서 제가 권장하는 방법이 1% 법칙입니다.

6) 선물시장의 시장참여자

선물시장에서는 다양한 목적을 가진 여러 참여자들이 거래를 합니다. 주식을 살 때처럼 선물도 시세차익을 노리거나 위험을 줄이기 위해서, 혹은 레버리지를 이용해 더 큰 이익을 얻기 위해 사고파는 것입니다. 이들 중에는 이미 가지고 있는 자산에 대한 리스크를 줄이고 싶어 하는 사람들이 많습니다. 예를 들어, 은행이 금을 직접 사는 것처럼 금 선물을 사서 가격 변동에 대비할 수도 있고, 기름이나 금을 많이 쓰는 제조업체도 선물시장에서 활동할 수 있습니다.

이런 참여자들 외에도 시장의 가격이 너무 빠르게 오르내리는 것을 조절하기 위해 마켓메이커가 특별한 역할을 합니다. 이들은 거래가 필요할 때 언제든지 매수하거나 매도할 수 있는 가격을 제시해서 시장이 원활하게 돌아가도록 도와줍니다. 그래서 선물시장에서는 항상 누군가 거래를 할 준비가 되어 있습니다. 필수적으로 매도 포지션이든 매수 포지션이든 주문을 넣어주는 주체가 있습니다. 그래서 단기적, 기술적으로 선물시장은 되돌림의 연속인 경우가 많습니다.

이렇게 선물시장은 다양한 이유로 활발한 거래가 이루어지는 곳입니다. 돈을 벌기 위해, 위험을 줄이기 위해, 혹은 큰 이익을 꿈꾸며 다양한 사람들이 모여 거래하는 곳입니다.

2 MT5 시작하기

1) 메타트레이더란

메타트레이더(MetaTrader)는 2000년부터 시작된 소프트웨어로, 해외선물과 외환선물을 거래하는 사람들이 많이 사용합니다. 이 소프트웨어를 통해서 해외 CFD 증권사(브로커) 계좌를 연결하여 트레이딩할 수 있습니다. 전 세계적으로 1,500만 명의 이용자들이 메타트레이더를 이용하고 있습니다.

메타트레이더는 크게 두 가지 버전, MT4와 MT5가 있는데, MT4는 주로 외환 거래에 사용되고, MT5는 더 다양한 금융 상품의 거래에 사용됩니다. 이 플랫폼은 차트, 기술적 분석 도구, 자동 거래 로봇(Expert Advisors) 등 다양한 기능을 제공해서 거래를 도와줍니다.

메타트레이더는 모바일트레이딩시스템과 홈트레이딩시스템을 제공하는데 이 메타트레이더(MT5)에 증권사를 연결해서 거래할 수 있습니다. MT5는 도구(플랫폼), 증권사(브로커)는 서비스 제공자(중개인)로 작동해서 사용자(투자자)가 거래를 할 수 있습니다.

2) 메타트레이더 화면 구성

① **종합시세 설정:** 거래하고자 하는 상품의 현재 가격과 스프레드 등을 볼 수 있으며, 어떤 정보를 표시할지 사용자가 정할 수 있습니다(상단 메뉴 탭 : 보기 - 종합시세).

② **차트 :** 매매에 활용되는 상품 차트에 기술 지표를 추가하고 조정할 수 있습니다. 차트 속성 설정에서 차트의 색상과 스타일을 포함하여 차트의 외관을 사용자 취향에 맞게 변경할 수 있습니다(종합시세 상품 티커 우클릭 - 차트).

③ **탐색기 :** 계좌, 차트에 세팅되어 있는 인디케이터와 시스템 트레이딩, 스크립트를 확인하고, 설정할 수 있습니다(상단 메뉴 탭 : 보기 - 탐색기).

④ **도구모음 :** 현재 진행 중인 거래와 거래 히스토리, 증거금, 수수료 등을 확인할 수 있습니다. 거래 실행, 알림 등의 사용자 설정을 할 수 있는

메타트레이더 프로그램 이미지

부분입니다(상단 메뉴 탭 : 보기 - 도구모음).

⑤ **원클릭 아이콘 :** 차트의 타임프레임, 캔들 설정(선, 봉, 캔들), 도형 등을 원클릭으로 설정할 수 있습니다.

3) 거래 주문 방법

① 시장가 주문 방법

시장가 주문 창

상단 메뉴탭에서 도구 - 새주문 클릭 시 화면입니다. 혹은 종합시세란에서 거래를 원하는 티커에 우클릭 이후 새주문을 클릭합니다.

종류는 시장가 체결로 두고, 거래수(랏)를 통해 진입을 원하는 비중을 세팅합니다. 또한 진입과 동시에 손절라인과 익절라인 설정을 포인트 단위로 설정할 수 있습니다.

시장가 매도, 매수 클릭 시 포지션이 형성됩니다.

nas100+ 0.1랏 시장가 체결 모습

통화 ▲	티켓	시간	종류	거래량	가격	S/L	T/P	가격	수익
nas100+	1055909673	2025.01.30 05:26:26	buy	0.1	21559.23			21562.63	0.34 X

하단 도구모음 - 거래 탭에서 현재 포지션을 확인할 수 있습니다.

청산은 포지션 오른쪽 끝의 X를 통해 가능합니다.

② 지정가 주문 방법

지정가 주문에는 4가지 방법이 있습니다.

- **매수 리밋(Buy Limit)** : 반등할 것이라고 예상되는 가격에 매수 리밋(롱, BUY)을 지정합니다.
- **매도 리밋(Sell Limit)** : 상승 이후 하락이 예상되는 경우 매도리밋(숏, SELL)을 지정합니다.
- **매수 스탑(Buy Stop)** : 현재 가격보다 위에 있는 가격대에 주문을 거는 방식으로, 지속적인 상승이 예상되는 경우에 사용하는 주문방식입니다. 전고점 또는 예상 지점에 매수 스탑을 걸고 상승 추세가 이어지는 경우에 사용합니다.
- **매도 스탑(Buy Stop)** : 하락 추세가 이어질 것이라 예상될 때 사용합니다.

• 매수 리밋(Buy Limit)

새주문 창에서 첫 번째 종류를 예약거래로 세팅하고, 두 번째 종류를 매수 리밋으로 세팅합니다. 그리고 진입하고자 하는 가격을 입력한 이후에 예약

매수 리밋 주문 창

주문을 눌러줍니다(매수 리밋의 경우 진입을 원하는 가격이 현재 가격보다 아래에 형성되어 있어야 합니다).

손절라인과 익절라인 설정은 포인트 단위로 미리 설정 가능합니다.

나스닥 100+ 0.1랏 매수 리밋 거래 모습

하단 도구모음에 거래탭에서 주문 예약이 걸려 있는 것을 확인할 수 있습니다.

· 매도 리밋(Sell Limit)

새주문 창에서 첫 번째 종류를 예약거래로 세팅하고, 두 번째 종류를 매도 리밋으로 세팅합니다. 그리고 진입하고자 하는 가격을 입력한 이후에 예약 주문을 눌러줍니다(매도 리밋의 경우 진입을 원하는 가격이 현재 가격보다 위에 형성되어 있어야 합니다).

매도 리밋 주문 창

나스닥 100+ 0.1랏 매도 리밋 거래 모습

· 매수 스탑(Buy Stop)

매수 스탑 주문 창

새주문 창에서 첫 번째 종류를 예약거래로 세팅하고, 두 번째 종류를 매수 스탑으로 세팅합니다. 그리고 진입하고자 하는 가격을 입력한 이후에 예약 주문을 눌러줍니다(매수 스탑의 경우 진입을 원하는 가격이 현재 가격보다 위에 형성되어 있어야 합니다).

나스닥 100+ 0.1랏 매수 스탑 거래 모습

| nas100+ | 1055910017 | 2025.01.30 05:34:26 | buy stop | 0.1 / 0 | 21700.00 | | 21557.98 | placed × |

· 매도 스탑

매도 스탑 주문 창

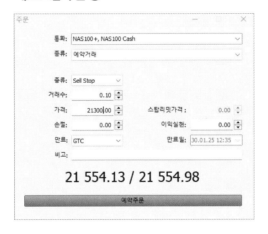

새주문 창에서 첫 번째 종류를 예약거래로 세팅하고, 두 번째 종류를 매도 스탑으로 세팅합니다. 그리고 진입하고자 하는 가격을 입력한 이후에 예약 주문을 눌러줍니다(매도 스탑의 경우 진입을 원하는 가격이 현재 가격보다 아래에 형성되어 있어야 합니다).

나스닥 100+ 0.1랏 매도 스탑 거래 모습

| nas100+ | 1055910075 | 2025.01.30 05:35:40 | sell stop | 0.1 / 0 | 21300.00 | | 21554.13 | placed × |

MT5 매수매도 리밋, 매수매도 스탑 설정된 모습

예약주문이 들어간 포지션이 차트상에 표시되는 모습입니다. 해당 값들은 마우스 드래그를 통해 조절할 수 있습니다.

4) TP/SL 설정 방법

① TP/SL 창으로 주문

거래내역에서 포지션에 우클릭하고 포지션 수정/삭제를 클릭할 때 나오는 화면입니다.

손절값에 손절을 원하는 가격을 입력하고, 이익실현값에 익절을 원하는 가격을 입력한 이후 수정#을 눌러줍니다.

TP/SL 설정창

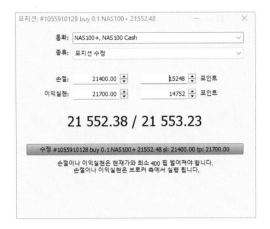

나스닥 100+ 0.1랏 TP/SL 설정 모습

통화	티켓	시간	종류	거래량	가격	S / L	T / P	가격	수익
nas100+	1055910128	2025.01.30 05.36.33	buy	0.1	21552.48	21400.00 ×	21700.00 ×	21550.63	-0.19 ×

② TP/SL 마우스 드래그로 스탑 올리는 방법

MT5 TP/SL 설정 모습

①의 경우 TP가 20400으로 설정된 모습입니다. ②의 경우 SL이 20122.95로
설정된 모습입니다. 해당 값들은 마우스 드래그를 통해 조절할 수 있습니다.

5) 분할 청산 방법

진입한 포지션의 비중을 일부만 청산하는 기능입니다.

예를 들어 나스닥 10랏일 때 현재 가격에서 5랏만 청산하려면 분할 청산
기능을 활용합니다.

MT5 나스닥 0.2랏 포지션 수정/삭제

분할 청산을 원하는 포지션을 우클릭하고, 수정 또는 삭제를 눌러줍니다.

MT5 포지션 수정/삭제 창

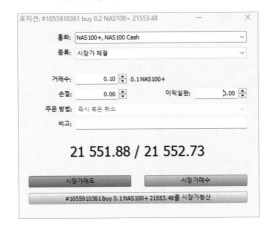

종류에서 시장가체결 선택 이후에 청산을 원하는 수량을 거래수에 입력하고, 시장가 매도를 눌러줍니다(해당 예시에서는 0.2랏 중 0.1랏만 청산).

MT5 분할 청산된 포지션

0.1랏만 청산되고 나머지 0.1랏은 남겨져 있는 것을 볼 수 있습니다.

6) 차트 설정 방법

-캔들 및 배경 색상, 차트 메뉴 변경

차트 우클릭 - 속성 클릭 - 상단메뉴 색상 클릭 시 나오는 화면입니다.

차트에 원하는 배경과 테두리, 상승, 하락캔들의 색상과 호가 색상, 현재가격 색상 등을 변경할 수 있습니다.

차트 속성 창(색상)

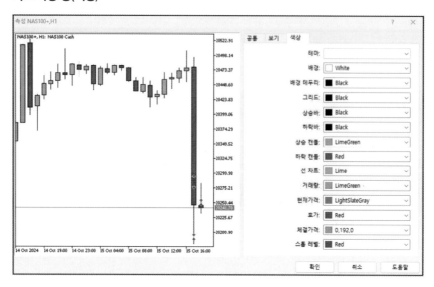

차트 속성 창(보기)

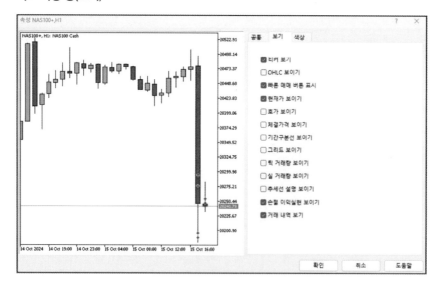

보기 탭에서는 티커, 현재가, 거래내역, 손절, 이익실현, 호가, 틱 거래량, 그리드 등을 설정할 수 있습니다.

차트 속성 창(공통)

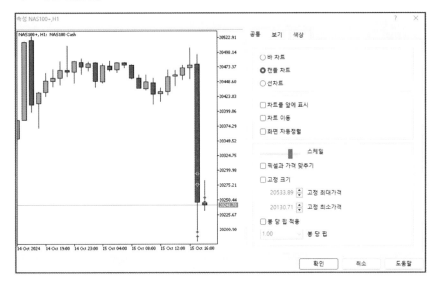

공통 탭에서는 바차트와 선차트, 캔들차트 변경 방법, 픽셀의 크기 등을 변경할 수 있습니다.

-인디케이터(지표) 추가

상단 메뉴탭에서 삽입 - 인디케이터를 클릭하면 추가할 수 있는 여러 가지 지표들이 나옵니다.

인디케이터 설정 창

이동평균선 설정 창

이동평균선(Moving Average) 클릭 시 나오는 화면입니다. 원하는 값의 이동평균선과 디자인을 설정할 수 있습니다.

mt5 차트 설정된 모습

24이평선으로 설정된 것을 볼 수 있습니다. 이동평균선을 더블클릭하면
수정하거나 삭제할 수 있습니다.

-도형 추가

mt5 차트 도형 삽입 모습

차트 위에 여러 가지 도형이나 선을 넣을 수 있습니다. 상단에 도형아이콘을 클릭한 다음 차트에 원하는 모양의 도형을 삽입할 수 있습니다.

mt5 차트 가로선 우클릭 창

mt5 가로선 속성 창

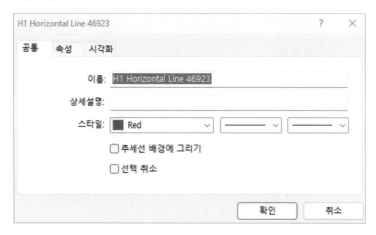

원하는 도형을 더블클릭한 후에 속성을 클릭하면 원하는 색상이나 굵기로 스타일 설정이 가능합니다.

3 매매 도구

OVERSEAS FUTURES INVESTING

1) 트레이딩뷰

매매 도구의 준비물을 살펴보겠습니다. 저는 차트를 확인하는 데 트레이딩뷰(https://kr.tradingview.com/)를 씁니다. 트레이딩뷰를 쓰는 이유는 차트의 직관성 또한 훌륭하지만 CME/CFD별 호가의 다름을 확인할 수 있기 때문입니다. 체결 주체가 CME는 한 곳이지만 주관하는 인터뱅크인 CFD는 CFD별로 호가가 다르게 구성되어 있습니다.

트레이딩뷰 사이트 링크 및 이미지

2) CME와 계약된 국내 증권사

해외선물거래를 제공하는 국내 증권사는 키움증권, LS증권, 한국투자증권, 삼성증권, 유진투자선물 등이 있습니다.

국내 증권사에서 해외선물거래를 하기 위해서는

1) 해외선물계좌 개설
2) 해외CME시세 신청
3) 외화계좌 개설

과정을 거쳐야 합니다.

3) CFD증권사 리스트

해외 CFD 증권사 및 해외선물사 리스트는 인베스팅닷컴(Investing.com)에서 확인할 수 있으며, 한국트레이더협회에서도 국내에서 자주 이용하는 해외 CFD 증권사 리스트를 제공하고 있습니다.

4) 미결제 포지션 보기

이 전략은 90%가 돈을 잃을 것이라는 가정을 이용한 매매 전략입니다.

미결제 포지션에 대해 '물린 사람들'이라고 했지만, 정확한 표현은 아닙니다. 이유는 수익을 홀딩하고 있는 사람들도 있기 때문입니다(아주 적은 비중이겠지만).

그렇기에 미결제 포지션의 우위의 숫자인 사람들이 저는 돈을 잃을 것이라고 믿습니다. 다음은 미결제 포지션과 관련한 정보입니다.

-해외사이트

https://www.dailyfx.com/forex-rates

https://www.myfxbook.com/community/outlook

-키움증권 미결제 포지션 현황 창번호

키움증권 글로벌영웅문 창번호 4425

-LS증권 미결제 포지션 현황 창번호

https://dp.afreecatv.com/

-한국투자증권 미결제 포지션 현황 창번호

투자자별 추정포지션 [5161]

-삼성증권 미결제 포지션 현황 창번호

6397 - 해외선물 고객포지션 현황

-유진선물 미결제 포지션 현황 창번호

4014에 가입하고 완료되면 4015로 입장되는데, 유진선물 내에 가입자 투자자별 롱숏 비율을 볼 수 있음.

5) 현물가격 보는 방법

선물의 기본원리를 살펴보겠습니다. 다만 먼저 말씀드릴 점은 매매 기법으로 활용하지 말라는 것입니다. 만기일을 앞두고 어느 방향으로 갈지를 판단하는 투자 근거로 활용할 것을 권장합니다. 선물은 선물 자체로 가격을 형성하면서 현물과 상관없이 갈 때가 많기 때문입니다.

1) 나스닥 현물 가격 보는 곳

https://www.nasdaq.com/market-activity/index/comp

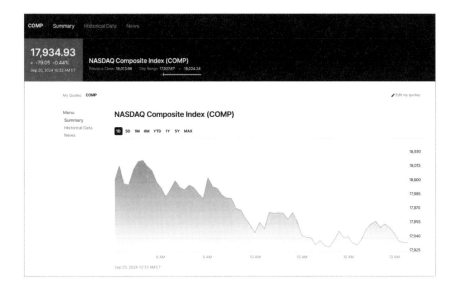

https://fred.stlouisfed.org/series/NASDAQCOM

https://finance.yahoo.com/quote/%5EIXIC?.tsrc=fin-srch

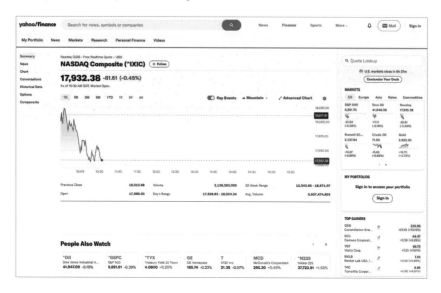

선물가격과 나스닥종합지수 현물가격이 다른 것을 확인할 수 있습니다.
즉 현물가격에 귀결된다고 생각하고 트레이딩을 하면 안 됩니다. 선물이 현

물을 리드하는지 혹은 현물이 선물을 리드하는지 관점을 가지고 매매에 활용하는 것이 좋습니다.

2) 현재의 크루드오일(원유) 가격을 확인할 수 있는 곳

https://oilprice.com/

크루드오일(WTI)뿐만 아니라 브렌트유, 가솔린, 천연가스 등의 가격까지 함께 알려줍니다.

https://www.eia.gov/

U.S. Energy Information Administration (EIA): 미국 에너지 정보청 사이트

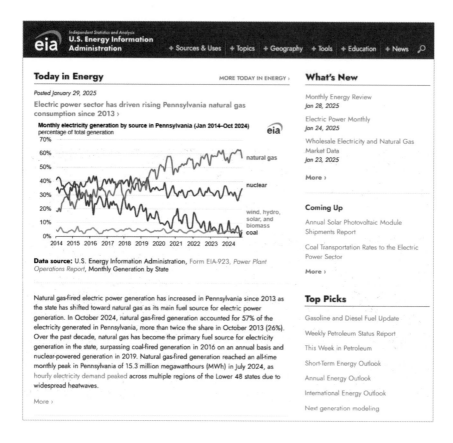

3) 현재의 골드(금)가격을 확인할 수 있는 곳

https://www.apmex.com/

https://www.kitco.com/

https://goldprice.org/

https://www.gold.org/

세계금협회

https://www.jmbullion.com/

4) 선물(Futres)과 CFD의 가격 차이를 볼 수 있는 곳

https://kr.investing.com/

인베스팅닷컴에서 각 종목을 클릭하고 선물과 CFD 가격을 설정하여 확인할 수 있습니다.

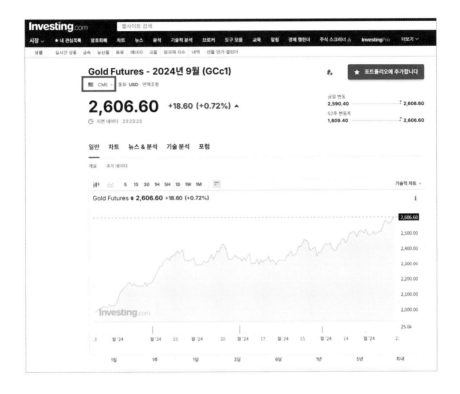

4 커뮤니티

OVERSEAS FUTURES INVESTING

선물거래를 할 때 커뮤니티는 필수라고 생각합니다. 우리나라뿐만 아니라 해외도 선물 혹은 트레이딩 관련 서적이 많지 않습니다. 관련 서적이 적은 만큼 성공과 실패 사례를 수집할 수 있는 경로도 극히 부족합니다.

한국트레이더협회는 선물투자자들만 모여 있는 곳입니다. 매일 얼마를 벌고 잃었는지를 공유하는 사람의 수가 2,000여 명에 달합니다. 이곳에서 다른 사람의 생생한 실패 사례와 성공 사례를 보는 것만으로도 실제로 매매한 것과 비슷한 효과가 있습니다. 이날 어떤 종목을 왜 진입했고, 그것을 어디서 손절했어야 했고, 어디까지 이익을 취했는지를 대신 경험할 수 있습니다.

커뮤니티를 하는 목적은 각자 다르겠지만 이곳은 단순히 친목 도모가 아닌 스스로를 성장시키고자 모여 있습니다. 그들은 실제 사례를 통해 계속 학습하고자 합니다. 그렇기 때문에 커뮤니티 활용을 강력 추천하는 것입니다.

커뮤니티를 자세히 들여다보면 손실만 보던 투자자가 하루 1,000달러, 10,000달러 이익을 취한 내역들을 볼 수가 있습니다. 또 어떤 사람은 계속 이익을 내다가 몇 가지 원칙을 지키지 않아 수익금을 다 반납하기도 합니다.

선물거래를 한 지 1년도 안 된 투자자가 하루에 1,000달러, 10,000달러는 물론이고 하루에 2억 원까지 수익을 올릴 수 있었던 건 저에게 정확한 방법을 배워서라기보다 끊임없이 커뮤니티에서 보고 배우고 반성하는 등의 개선 과정을 거쳤기 때문입니다. 평생 투자로 벌어본 적이 없는 대부분의 평범한 사람들이 어떻게 수익을 내고 있는지를 커뮤니티를 통해 직접 확인하고 동참하길 바랍니다.

내 돈을 지키기 위한 전략

이따금 저는 제가 정말 큰 축복을 받았다고 생각합니다. 그래서 남을 돕는 데 온 힘을 쓰고 있습니다. 그것이 세상이 저에게 준 축복에 대한 최소한의 도리라고 생각합니다.

트레이딩을 해서 버는 돈은 시장이 저에게 주는 것입니다. 어디서 돈을 가져오거나 빼앗아오는 것이 아닙니다. 이 시장이 주는 수익을 극대화시키기 위해 활용하는 것이 바로 레버리지입니다. 즉, 조금 더 빠른 속도로 경제적 자유를 누리기 위해서는 레버리지를 활용하는 수밖에 없고, 제한된 돈으로 이익을 극대화시키는 수밖에 없습니다. 레버리지를 전혀 쓰지 않고 거래하겠다고 결정한 사람은 이 책을 볼 필요가 없습니다. 왜냐하면 선물의 모든 상품에는 이미 레버리지가 반영되어 있기 때문입니다.

레버리지는 시장에서 나를 퇴출시킬 수 있는 비정한 모습도 갖고 있습니다. 그래서 이걸 방지하는 기술도 필요합니다. 저는 이것을 '최대 손실감내 금액'이라고 부릅니다.

어느 정도 실력이 올라왔다 하더라도 번 돈을 시장에 반납하는 일이 계속 생길 것입니다. 이 책을 쓰는 이유는 두 가지입니다. 하나는 선물시장에서 경제적 자유를 일군 대한민국 사람이 많아졌으면 하는 것입니다.

한트협에 무료로 자료를 열람할 수 있도록 올려두었습니다. 만약 이 책의 내용이 부족하다면 그 강의까지 함께 들어보기를 바랍니다. 누구나 신청만 하면 볼 수 있습니다.

우리는 이미 트레이딩 세상에서 살고 있습니다.

우리는 이미 웃돈을 주고 구매하는 세상에 살고 있습니다. 간단한 예시로, 쿠팡에서 물건을 살 때조차도 모든 판매자는 이익을 붙여 판매합니다. 소비자는 판매자의 서비스나 제품을 직접 획득할 경로가 없거나 생산능력이 없기 때문에 웃돈을 주고 구매합니다.

옆나라 일본에서는 장기 불황과 엔화 저평가에 많은 사람들이 월급이 줄어드는 것을 경험했습니다. 이를 극복하기 위해 달러엔, 유로엔 등의 외환선물거래로 적극적으로 행동합니다.

우리나라 원화도 일본처럼 내 통장에 있던 10억 원이 달러 대비 7억 원밖에 안 되는 가치로 떨어질 수 있습니다. 사실 이런 일은 이미 일어나고 있습니다. 외환위기가 아니라 위기 자체가 일상이 되는 일이 앞으로 도래할지 모르기에, 트레이딩을 통해 단순히 돈을 버는 데 그치지 않고 내 돈을 지키기 위해 행동해야 합니다.

트레이딩은 우위 판단(방향)과 진입을 누가 더 단순화시킬 수 있느냐의 게임입니다. 이 게임이 능숙한 사람은 단순히 돈을 파킹해두는 것만으로도 재산의 가치를 증가시킵니다. 단순히 '1천만 원으로 1억 벌기' 이런 류의 재테크가 아닙니다. 내 월급과 평생 일궈온 자산이 내 생각과는 아주 다른 가치로 평가받을 수 있다는 것을 의미합니다.

트레이딩을 공부하고 이를 일상화하는 처음 1년은 솔직히 그렇게 즐겁지는 않을 것입니다. 하지만 자신만의 규칙을 세우는 과정을 포기하지 않고 꾸준히 해나간다면 누구든 거래로 돈을 벌 수 있습니다. 일부 사람은 시장은 제로섬 게임이기 때문에 그런 일은 결코 일어나지 않는다고 말합니다. 하지만 각국 중앙은행은 매년 돈을 찍어내고 있고, 세계의 돈은 늘어나고 있습니다. 단순하게 이 사실 하나만으로도 시장은 제로섬이 아닙니다.

저는 위대한 트레이더가 아닙니다. 그저 매일 시장에서 이익 내는 날이 그렇지 않은 날보다 많은 트레이더 중 한 명일 뿐입니다. 이렇게 되기까지 이 책에서 소개한 전략들을 세웠고, 유동성이 풍부한 선물시장이기에 이 방법들을 공유해도 괜찮다고 판단하여 이 책을 쓰게 되었습니다.

돈 버는 방법은 혼자 알면 되지 왜 알려주느냐, 진짜가 맞느냐 의심하는 독자가 있을지 모르겠습니다. 그러나 우리나라 5천만 국민 전부가 선물시장에서 돈을 번다고 하더라도 이 수는 전체 선물시장 참여자의 3% 미만에 불과합니다. 이 수치도 크게 잡은 것이고요. 실제 선물시장에 참여하는 한국인의 수는 전체 시장에서 볼 때 극히 미미합니다.

해외선물 데이트레이더가 되어 완전한 경제적 자유를 누리시길 바랍니다. 앞에서 말했듯이 주식에서 매번 잃기만 하던 저 같은 똥손투자자도 했으니 여러분도 할 수 있습니다.

대한민국 국민 모두가 해외선물로 달러를 버는 날이 오기를 바랍니다. 감사합니다.

OVERSEAS
FUTURES
INVESTING

단돈 100만 원으로 달러, 금, 오일, 나스닥선물을 시작할 수 있는

해외선물 처음공부

초판 1쇄 발행 2025년 4월 18일
　　3쇄 발행 2025년 4월 25일

지은이　김직선

펴낸곳　㈜이레미디어

전　화　031-908-8516(편집부), 031-919-8511(주문 및 관리)
팩　스　0303-0515-8907
주　소　경기도 파주시 문예로 21, 2층
홈페이지　www.iremedia.co.kr
이메일　mango@mangou.co.kr
등　록　제396-2004-35호

편집 이병철, 정서린 | **디자인** 유어텍스트 | **마케팅** 김하경
재무총괄 이종미 | **경영지원** 김지선

ISBN 979-11-93394-63-2 (04320)

ISBN 979-11-91328-05-9(세트)

- 가격은 뒤표지에 있습니다.
- 잘못된 책은 구입하신 서점에서 교환해드립니다.
- 이 책은 투자 참고용이며, 투자 손실에 대해서는 법적 책임을 지지 않습니다.